Como ser seu próprio terapeuta

Owen O'Kane

Como ser seu próprio terapeuta

Mude sua vida com a autoterapia

Tradução: Gabriela Peres Gomes

Copyright © 2023 by Editora Globo S.A. para a presente edição
Copyright © 2023 Owen O'Kane

Todos os direitos reservados. Nenhuma parte desta edição pode ser utilizada ou reproduzida — em qualquer meio ou forma, seja mecânico ou eletrônico, fotocópia, gravação etc. — nem apropriada ou estocada em sistema de banco de dados sem a expressa autorização da editora.

Texto fixado conforme as regras do Acordo Ortográfico da Língua Portuguesa (Decreto Legislativo nº 54, de 1995).

Título original: *How To Be Your Own Therapist*

Editora responsável: Amanda Orlando
Assistente editorial: Isis Batista
Preparação: Mariana Donner
Revisão: Marcela Isensee, Bruna Brezolini e Bianca Marimba
Diagramação: Alfredo Loureiro
Capa: Isabel W. de Nonno

1ª edição, 2023

CIP-BRASIL. CATALOGAÇÃO NA PUBLICAÇÃO
SINDICATO NACIONAL DOS EDITORES DE LIVROS, RJ

O36c
    O'Kane, Owen
       Como ser seu próprio terapeuta: mude sua vida com a autoterapia / Owen O'Kane; tradução Gabriela Peres Gomes. - 1. ed. - Rio de Janeiro: Globo Livros, 2023.
       224 p. ; 21 cm.

       Tradução de: How to be your own therapist
       ISBN 978-65-88132-23-4

       1. Psicoterapia. 2. Autorrealização (Psicologia). 3. Técnicas de autoajuda. I. Gomes, Gabriela Peres.

23-82873
               CDD: 158.1
               CDU: 159.947

Meri Gleice Rodrigues de Souza - Bibliotecária - CRB-7/6439
07/03/2023   10/03/2023

Direitos exclusivos de edição em língua portuguesa para o Brasil adquiridos por Editora Globo S. A.
Rua Marquês de Pombal, 25 — 20230-240 — Rio de Janeiro — RJ
www.globolivros.com.br

*Ao meu parceiro, Mark, que acreditou que
meus livros poderiam ajudar muita gente.
Obrigado por seu apoio e incentivo.*

Sumário

Introdução 9

PARTE I

1. Que papo é esse de terapia? 21
2. Pode me contar sua história? 37
3. Juntando as peças 57
4. Tá, e agora? 81
5. Um gesto vale mais que mil palavras 99

PARTE II

6. Hora de *se preparar* para o dia 121
7. Hora de *estabilizar* o dia 145
8. *Refletir e redefinir* no fim do dia 165
9. Quando a vida lhe der limões... 183
10. Tudo está bem quando acaba bem 205

Informações de contatos úteis 219
Agradecimentos 221

SUMÁRIO

Introdução 9

1ª PARTE

1. Que papo, vocês de férias! 21
2. Eu e eu contei sua história 39
3. Anúncio dos pneus 59
4. Era uma vez 77
5. Gira, rodopia, algo que brota sobressaindo-se 111

2ª PARTE

6. Flor de la piñata para cada um 131
7. Juan às amores de ... dão 145
8. Geralmente a máquina um do café 105
9. Quando a vida dói, dói linda 185
10. Tudo esse bem, quando a paz vem 205

Informações de contato dos 19
Nobani: História 221

Introdução

Sou terapeuta e, como a maioria dos profissionais do ramo, já fiz terapia, e isso mudou a minha vida. Na verdade, foi uma experiência tão impactante que me inspirou a trilhar esse caminho.

Acredito que a terapia tem o potencial de melhorar a vida de todos nós. Mas há um porém: é caro, pouco acessível e muitas vezes com uma fila de espera de anos e anos. E não podemos esquecer que ainda existe um certo estigma associado à terapia. Se você estiver um pouco relutante, pense que, às vezes, nosso cérebro precisa de uma dose de manutenção e cuidados para nos ajudar a lidar com os desafios da vida. E é aí que entra uma boa terapia. Não tem nada de estranho ou esquisito nisso. Garanto que você não vai acabar indo morar no meio da floresta ou no fundo de uma caverna. A terapia é para os corajosos. Oferece uma força verdadeira e um leque infinito de possibilidades para se ter uma vida mais plena.

Depois de matutar sobre os desafios de ajudar as pessoas a buscar a terapia de que precisam, tive uma epifania. Em geral, o objetivo é que os pacientes cheguem ao fim de um programa de sessões "qualificados" e "cientes" o bastante para se tornarem seus próprios terapeutas. Então me dei conta de que precisava escrever um livro que ensinasse justamente isso.

Sejam bem-vindos a *Como ser seu próprio terapeuta*.

Meu intuito é que este livro sirva como um recurso prático para qualquer pessoa. Não abordo a psicanálise em detalhes, e digo isso sem o menor problema.

Nutro um respeito profundo por meus colegas que seguem uma abordagem diferente da minha, mas este não é um livro clínico acadêmico denso. Muito pelo contrário: a intenção é simplificar teorias complicadas para serem usadas no dia a dia. A primeira parte do livro é um guia para uma jornada terapêutica pessoal, antes de chegarmos aos dez minutos de autoterapia diária abordados na segunda parte. A primeira metade é vital para que a prática diária faça sentido. Gosto de pensar que a primeira parte envolve a criação de um "novo você"; é como um "intensivão" de terapia, ou um *bootcamp* de terapia, se preferir. A segunda metade é a manutenção diária.

Neste livro, ensinarei você a acessar o seu terapeuta interior e tirar o melhor de cada dia — a despeito do que estiver acontecendo na sua vida. Com as habilidades contidas aqui, você vai aprender a se portar melhor, a se sentir melhor e a levar uma vida melhor.

Uma última declaração que pode ser um tanto surpreendente: *eu* não vou mudar você. Vou apenas oferecer minhas reflexões, meu aprendizado e minha experiência. Mas cabe a *você* decidir o que vai fazer com isso tudo. Muitos livros, "gurus" e profissionais prometem mudar sua vida. Não posso fazer isso. Mas acredito, sim, que *você* tem o poder de mudá-la.

SOBRE MIM

Antes de tudo, sou um ser humano com fraquezas, vulnerabilidades e um histórico de erros como a maioria das pessoas. Sei em primeira mão o que significa ser imperfeito e acredito que isso seja de grande ajuda na minha profissão.

Acho que somos bombardeados por pessoas nos dizendo para fazer mais, ser mais e comprar mais, em vez de nos ajudar a entender como podemos levar uma vida melhor e mais feliz. Outra coisa que me tira do sério é que vivem nos dizendo para ignorar os sinais de alerta de que a vida está levando a melhor sobre nós. É sempre bom ouvir um "Você consegue!", mas nem sempre vamos conseguir, e às vezes uma mãozinha bem que viria a calhar.

Já atuei no ramo de medicina e psicoterapia. Antes de me tornar psicoterapeuta, trabalhava como especialista em cuidados paliativos. O último cargo que ocupei no Serviço Nacional de Saúde (NHS) foi o de diretor clínico de saúde mental em Londres. Agora tenho meu próprio consultório de terapia em Londres, mas atendo pacientes do mundo todo. Além disso, ministro palestras e workshops em nível internacional sobre assuntos relacionados à saúde mental.

Cresci na Irlanda do Norte durante os conflitos que assolavam o país: um período marcado pela violência entre nacionalistas e unionistas. Foi uma infância repleta de desafios. Durante a terapia, descobri que, graças a isso, fui "programado" para viver em um estado perpétuo de medo, sempre preocupado com o problema que viria a seguir. Isso tem sido tratado desde então.

Além disso, sou gay, o que levantou uma série de conversas interessantes durante a terapia. Para mim, ser irlandês, católico e gay era um dilema. Enquanto eu crescia, o catolicismo pregava sobre "renunciar à homossexualidade na base da oração". Por isso, não é nenhuma surpresa que uma das maiores revelações que tive na terapia foi que eu tinha a tendência a me ver como um vira-lata, acompanhada da necessidade constante de provar minha dignidade como ser humano. A terapia me ensinou que eu não precisava provar nada. Em vez disso, fui apresentado ao prazer da autoaceitação.

Neste livro, compartilharei as minhas autodescobertas com o objetivo de demonstrar o que a terapia nos oferece. Estou me referindo a grandes avanços. Transformações. Tenho certeza de que você compreenderá ambas as coisas ao longo destas páginas.

COMO ESTE LIVRO FUNCIONA?

O LIVRO ESTÁ DIVIDIDO EM DUAS PARTES

A primeira é composta pelos capítulos de 1 a 5. É o trabalho essencial que servirá como base para os dez minutos diários de terapia, abordados na segunda parte. Para isso, serão necessários papel e caneta, então certifique-se de ter as duas coisas à mão. A primeira parte engloba tudo o que seria abordado em uma sessão de terapia comigo. Não existem atalhos aqui, então sugiro que coloque a mão na massa. Vai mudar sua vida. Também o ajudará a entender a importância dos dez minutos de autoterapia diária. Na primeira parte, veremos:

1. Sua "verdadeira" história de vida
2. Como entender sua história e a forma como ela afeta sua vida hoje
3. O que você realmente quer da vida
4. Como a terapia pode ajudar você a conseguir o que deseja
5. Os ingredientes necessários para uma vida mais feliz

Vou explicar a que me refiro com *sua "verdadeira" história de vida* (já que esse conceito está no cerne da terapia). Não diz respeito apenas ao que você lembra da sua vida em ordem cronológica. Significa compartilhar com alguém os principais acontecimentos *marcantes* da sua história e, mais importante, os *sentimentos que eles lhe despertaram*. Isso incluirá experiências positivas, negativas e todo o resto.

Muitas vezes, contamos a nós mesmos e aos outros versões "ensaiadas" ou "respeitáveis" da nossa história a fim de influenciar a percepção que as pessoas têm de nós, em vez de lhes mostrar quem realmente somos. Acredito que a maioria das pessoas adapta sua história de vida de forma automática, como um mecanismo de defesa, sem nem ter consciência disso. Mas o desenvolvimento e o crescimento pessoal só acontecem quando estamos dispostos a aceitar e expressar os verdadeiros acontecimentos do nosso passado, além dos sentimentos que nos despertaram naquela época e os que nos despertam hoje.

Dito isso, só contar sua história não basta. Ela também precisa ser formulada de modo que você possa entender como e por que suas experiências impactaram as emoções, os comportamentos e os modos de pensar que você tem hoje.

Essa será a segunda etapa do trabalho. Quando for concluída, tudo ficará mais claro.

Em seguida, vamos explorar seus desejos para o futuro e as formas de transformar esse futuro em realidade. Não faz sentido se dar a esse trabalho se ele não trouxer mudanças incríveis para sua vida. É crucial saber o que quer, ou você pode acabar se sentindo sem rumo. Ao implementar mudanças na sua vida para que o futuro não repita o passado, também será necessário deixar de lado algumas das regras autoimpostas que ditam seu modo de vida e atravancam seu avanço. Vamos dar um jeito nisso juntos.

Na última etapa do trabalho, exploraremos algumas técnicas essenciais e ferramentas de autocuidado que serão integradas aos dez minutos de terapia diária.

Entender quem você é e por que age de determinada forma, além de saber o que quer e o que não quer, abrirá o caminho para uma sensação de tranquilidade, controle e clareza.

A segunda parte é composta pelos capítulos de 6 a 10, nos quais você vai aprender a fazer os dez minutos de autoterapia diária, além de descobrir como aplicar as técnicas ensinadas na primeira parte ao seu cotidiano e conhecer algumas novas. Esses exercícios vão melhorar sua vida. Este será o seu trabalho de manutenção. Você pode se dedicar a ele pelo tempo que julgar necessário. Pode até sentir que seria benéfico repeti-lo todos os dias, até se tornar parte da sua rotina, como o chá ou o café que você toma pela manhã. A terapia diária também é uma oportunidade de trabalhar as questões levantadas pelo exercício da primeira parte do livro.

A seguir, apresento um resumo de como serão seus dez minutos de prática diária. Sei como a vida pode ser corrida, então dividi os dez minutos em porções menores ao longo do dia. Dessa forma, por mais atribulada que esteja a rotina, você ainda terá tempo para uma autoavaliação. O intuito é que essas "doses" de terapia melhorem seu dia e, por fim, sua vida inteira!

PREPARAR

Quanto? Quatro minutos.

Quando? De preferência assim que acordar, sempre que você conseguir arranjar um tempinho. Tento encarar isso quase como o ato de escovar os dentes. Todos nós conseguimos parar por uns minutos para cuidar da saúde bucal assim que acordamos, então por que não podemos priorizar nossa saúde mental da mesma forma?

Para quê? Silenciar as vozes na sua cabeça e tornar sua mentalidade mais flexível e adaptável para aproveitar melhor o dia.

ESTABILIZAR

Quanto? Três minutos.

Quando? Depois do almoço.

Para quê? Garantir sua estabilidade ao longo do dia e ajudar a lidar com quaisquer contratempos que possam surgir. Regular seus pensamentos e reações e garantir que você cuide do seu psicológico ao longo do dia.

REFLETIR E REDEFINIR

Quanto? Três minutos.

Quando? Pouco antes de se deitar, quando estiver confortável, sem a distração do celular e sem mais nada para fazer.

Para quê? Explorar as lições do dia e deixar de lado os pensamentos inúteis para garantir uma boa noite de sono.

Os dez minutos de autoterapia diária que ensino neste livro vão trazer inspiração e transformação para sua vida. Além disso, vão servir para você abraçar sua essência e tratá-la com toda a compaixão. Isso posto, devo dizer que algumas das perguntas, atividades e sugestões presentes no livro nos tiram da zona de conforto. É inevitável. A terapia *deve* afetar o paciente (de um jeito bom). E aí é que está: funciona mesmo. Encare isso como um exercício para organizar sua mente, para melhorar seu funcionamento.

As abordagens variam de terapeuta para terapeuta, e aqui vou ensinar uma prática de autoterapia muito particular, que pode diferir da visão de outros profissionais do ramo. Em suma, este livro aborda os meus pontos de vista. Os meus ensinamentos não representam as opiniões de nenhum outro terapeuta ou órgão regulador em particular. O trabalho apresentado neste livro segue uma abordagem integrativa baseada nos meus estudos e nas minhas experiências pessoais, bem como no conhecimento do que funciona na prática clínica. Além disso, é baseado em modelos de terapia variados, não em um único modelo (embora eu tome cuidado para manter uma linguagem direta sem enveredar por jargões da área). Espero que essa abordagem terapêutica integrativa traga um sentimento de tranquilidade e estabilidade.

Caso seja do seu interesse, os modelos de terapia adotados aqui incluem Terapia Cognitivo-Comportamental (TCC), Terapia Focada na Compaixão (TFC), Atenção Plena (mindfulness) e Psicoterapia Interpessoal. Se alguém se interessar por diferentes modelos de terapia, há muitas informações úteis na internet, principalmente nos sites de organizações profissionais de terapia, como www.bps.org.uk.

Vou detalhar cada etapa do processo, uma por uma, à medida que avançamos nessa jornada, e prometo que evitarei ao máximo usar jargões, clichês e toda psicologia barata. Peço que confie em mim, mesmo quando as perguntas pareçam um tanto sem sentido, ou se o processo trouxer um sentimento ruim. A terapia pode, sim, ser difícil, mas jamais deve pesar sobre você. Trabalhe em um ritmo confortável e não se esqueça de que não há a menor pressa. Você tem o resto da vida para dar um jeito nisso.

UM ÚLTIMO COMENTÁRIO
ANTES DE COMEÇARMOS

Ao longo deste livro, compartilharei estudos de caso com o intuito de oferecer apoio e ajuda. É um material destinado a adultos que buscam um conjunto de ferramentas terapêuticas para tirar o melhor proveito possível do cotidiano, da vida e de si mesmos. Também é destinado a adolescentes, desde que tenham o respaldo dos pais. Onde quer que esteja, isso vai ajudar, porém não é um substituto para a terapia individual, de que algumas pessoas sem dúvida precisam. Se você sentir que precisa de ajuda profissional individual ou em grupo, por favor, busque-a por meio do seu médico ou de organizações de saúde mental da sua cidade. Há uma lista de organizações de apoio no fim do livro.

Lembre-se de que não é recomendado ler este livro caso esteja se sentindo muito sobrecarregado ou apresente sintomas psicóticos, pensamentos suicidas ou não tenha uma rede de apoio adequada. Nesses casos, é melhor buscar a ajuda de um profissional.

Também não é aconselhável fazer os exercícios propostos se você estiver sob o efeito de álcool, drogas ou outras substâncias sem prescrição médica.

Por fim, todos os nomes, detalhes e estudos de caso presentes neste livro foram alterados, e todos os indivíduos e as organizações mencionados tiveram os nomes omitidos para proteger e respeitar a confidencialidade dos pacientes.

PARTE I

I

QUE PAPO É ESSE DE TERAPIA?

VOU ENSINAR VOCÊ A SE tornar seu próprio terapeuta e integrar a terapia à sua vida com dez minutos de prática diária. Antes disso, porém, quero falar sobre a vergonha e o estigma associados à terapia.

Sempre fico intrigado quando, ao final da sessão, um novo paciente me diz: "Nossa, até que não foi tão ruim" (geralmente homens). Sempre pergunto o que querem dizer com isso, já que os preconceitos em torno da terapia sempre me fascinam. E, como você deve imaginar, já ouvi uma série de respostas distintas. Pode se preparar!

> "Você parece um cara normal, mesmo sendo terapeuta."
> "Não foi tão esquisito quanto eu imaginava."
> "Estou surpreso porque até chegamos a rir."
> "Não teve toda aquela história de 'Como você se sente em relação a isso?'."

"Você não pareceu chocado com o que eu falei."

"Você não me hipnotizou."

"Achei que você ia ficar assentindo com a cabeça e dizendo: 'Entendo, entendo'."

"Fez mais sentido do que eu imaginava."

"Não foi regado a lágrimas e sentimentos."

"Achei que você seria um baita de um escrot*."

(E outras palavras do gênero.)

E não para por aí. Em certas situações, às vezes evito dizer a minha profissão às pessoas. Já percebi que muitas vezes isso as preocupa (pois acham que estou lendo a mente delas ou elaborando diagnósticos com base no nosso bate-papo trivial), ou as assusta. Às vezes, parecem achar que precisam me contar sua história de vida em detalhes.

Quando trabalhei como diretor clínico de um serviço de terapia do NHS, descobri que alguns termos associados à saúde mental impediam as pessoas de frequentar os grupos de apoio. Por exemplo, se montássemos um grupo chamado "Lidando com a depressão", ninguém apareceria. Mas se o chamássemos de "Melhore seu humor", ficaria lotado. Trabalho com pacientes que me pedem para tirar a palavra "terapeuta" do recibo. Já me pediram até para tirar a plaquinha com o título da porta do consultório. Alguns pacientes ficam preocupados com o que as pessoas poderiam pensar se soubessem que eles fazem terapia. Um médico especializado em outras áreas dificilmente passaria pela mesma situação, a menos que trabalhasse em uma área como saúde sexual. Os terapeutas parecem ser uma espécie de "segredo inconfessável".

Lembro-me de ir para minha primeira sessão de terapia com meus vinte e poucos anos (já faz um tempo), avançando sorrateiramente pela rua, morrendo de medo de ser visto por alguém. Parecia até que estava envolvido em um caso ilícito. Por sorte, minha primeira terapeuta era freira, o que pôs fim a qualquer boato que poderia ter surgido. O consultório ficava em um convento. Fiquei aliviado quando soube disso, pois era o disfarce perfeito. Eu poderia dizer que estava me confessando ou algo do tipo!

Mas, falando sério, a questão é que eu tinha vergonha de precisar de ajuda. Tinha vergonha de não conseguir lidar com meus problemas por conta própria. Estava preocupado com o que poderiam pensar de mim. Tinha vergonha por travar uma batalha mental com a ideia de "sair do armário". A crença cultural da época só servia para complicar ainda mais as coisas. Uma crença que eu internalizei: homens não sofrem. Meninos não choram.

Isso me leva a concluir: *Muitas pessoas têm vergonha de precisar de terapia*. E eu fui uma delas! A saúde mental *ainda* é cercada por um certo estigma. Tomar a decisão responsável de fazer terapia ainda é considerado um sinal de fraqueza ou fracasso. Do mesmo modo, algumas pessoas *ainda* enxergam os terapeutas e a terapia como algo misterioso. Infelizmente, esses prejulgamentos negativos são quase sempre motivados pelo medo. A opinião pública a respeito da terapia é muito mais positiva agora do que foi há uma ou duas décadas. Tem mais gente buscando ajuda, mas o estigma continua firme e forte.

Se você estiver sentindo um pouco desse desconforto e ansiedade, por favor, permita-me ajudá-lo a aplacar qualquer nervosismo a esse respeito.

A verdade é que, apesar da vergonha acerca do tema, todas as pessoas do mundo poderiam tirar algum proveito da terapia. Mesmo que estejam plenamente satisfeitas com a própria vida, adquirir o autoconhecimento necessário para entender o que está por trás da felicidade significa poder redescobrir suas motivações quando a vida não está aquele mar de rosas. Por mais maravilhosa que possa parecer vista de fora, a vida de todo mundo será repleta de provações, e não é nada fácil navegar por esses altos e baixos. Às vezes precisamos de ajuda. É por isso que, neste livro, você vai aprender:

- Como a terapia impacta e auxilia seu cérebro.
- O processo terapêutico em detalhes.
- O que esperar da autoterapia.

COMO A TERAPIA IMPACTA E AUXILIA SEU CÉREBRO

POR TRINTA ANOS, TRABALHEI COM pessoas que enfrentavam algum tipo de problema. E nesse período descobri que é a *reação* a uma experiência negativa — e não a experiência em si — que causa o maior impacto psicológico. Algumas pessoas conseguem lidar bem com experiências terríveis e se ajustar a elas. Outras são acometidas por um grande sofrimento.

Não acredito que as pessoas escolham sofrer. Acredito que algumas delas sejam programadas para sofrer mais do que outras ou ficam presas a padrões de comportamento que não ajudam em nada.

O nível de sofrimento causado pelas reações a experiências negativas pode ter a ver com a forma como a pessoa pensa, age e lida com as emoções, ou com as regras que ditam a vida dela. A maioria desses padrões é aprendida ou herdada durante a infância e levada para a idade adulta. Vamos abordar o assunto mais adiante. Em suma, muitas pessoas usam estratégias aprendidas na infância para lidar com os problemas da vida adulta. E isso, na minha experiência, é a raiz de muitas das dificuldades que acometem os seres humanos.

A boa notícia é que isso pode ser mudado com a ajuda da terapia, como milhares de artigos científicos podem atestar. Fazer terapia significa enxergar sua vida de fora, mas de uma forma objetiva. É possível descobrir coisas fascinantes sobre si mesmo ao reproduzir os acontecimentos determinantes da sua vida e começar a entender as raízes de seus sofrimentos. A terapia serve de incentivo para contar sua história de vida e conectar suas experiências com as dificuldades que você enfrenta hoje. Ela ajuda a entender padrões de pensamento, respostas emocionais automatizadas, motivações por trás de cada comportamento e formas de mudar tudo aquilo que atravanca nosso progresso.

Todos os dias atendo pessoas que tentam lidar com problemas relacionados a ansiedade, depressão, trauma, luto, relacionamentos e conflitos. A terapia as ajuda a desvendar a causa da dor e oferece orientações que podem aplacar o sofrimento. É um processo colaborativo, não prescritivo.

A beleza da terapia moderna é que ela adota estratégias fundamentadas em pesquisas de ponta em medicina, neurociência, ciências sociais e farmacologia. Ou seja, somos seres pensantes complexos, guiados pelo físico e pelo emocional, que precisam de mais do que reflexões psicológicas para nos ajudar a atingir nosso máximo funcionamento. Uma boa terapia sempre deve ser holística no que diz respeito à abordagem, ou seja, deve considerar a pessoa como um todo.

FATOS SOBRE A TERAPIA

1. É cientificamente comprovado que ela melhora a saúde mental
2. Melhora a química do cérebro
3. É capaz de reprogramar as vias neurais para otimizar o funcionamento do indivíduo
4. Melhora a qualidade de vida
5. Melhora o humor e diminui a ansiedade
6. Aumenta a motivação em relação a aspectos profissionais e pessoais da vida
7. Ajuda a acabar com padrões comportamentais destrutivos
8. Alivia a angústia

O PROCESSO TERAPÊUTICO EM DETALHES

Como mencionei, vou apresentar basicamente um "intensivão" de terapia. Encare o conteúdo do livro como uma versão reduzida da abordagem que eu normalmente adotaria com um paciente. O trabalho de base é fundamental. Depois, passaremos ao trabalho de manutenção: os dez minutos de autoterapia diária. A duração foi uma escolha deliberada, em parte porque pode ser mais fácil encaixar medidas rápidas de autocuidado em uma rotina atribulada, mas também porque é mais fácil se comprometer com a autoterapia a longo prazo se ela tomar apenas dez minutos do seu tempo em vez de uma hora.

Vou usar a analogia de um bolo de três camadas para explicar o funcionamento básico da terapia.

Os processos descritos aqui vão ganhar vida quando você colocar a mão na massa. Por enquanto, contudo, espero que essa analogia sirva para elucidar a motivação por trás dos exercícios sugeridos. Apenas saiba que, se eu sugerir que você tente alguma coisa, haverá uma forte razão clínica por trás — mas entraremos em detalhes mais adiante.

A camada superior do bolo são seus pensamentos e sentimentos. Por mais que estejam separados, também estão interconectados e em constante comunicação. Por exemplo, se o pensamento indesejável "Meu parceiro não liga para mim" cruzar sua mente, logo vai causar uma sensação de tristeza ou coisa parecida.

Da mesma forma, seu estado emocional pode enfrentar uma mudança repentina que desencadeará uma miríade de pensamentos improdutivos. Em momentos de tristeza, pode ser difícil encarar a vida ou a si mesmo de forma positiva. A cabeça pode se inundar de pensamentos como "Não sou bom o bastante", "Sou uma decepção" ou "Sou um lixo".

Pensar é um processo cognitivo. Às vezes é automatizado e inconsciente, como quando, no meio do trabalho, vem a lembrança dos dias de férias. Às vezes é consciente, como quando você tenta decidir o que comprar no mercado, ou qual o melhor trajeto para a festa de casamento no fim de semana seguinte, ou como proceder em uma negociação contratual delicada. Os pensamentos chegam com uma narrativa, e muitas vezes um deles desencadeia o seguinte.

As emoções, por outro lado, são uma experiência automatizada que *sentimos*. Os pensamentos podem ou não estar conectados a elas. As emoções podem ser uma reação a determinado acontecimento ou podem acontecer de forma inesperada. Nossas emoções são como o clima: podem oscilar entre dois extremos de uma hora para outra. É fundamental aprender a reconhecer suas emoções e permitir que atuem como um guia.

Os neurocientistas estimam que temos entre 60 mil e 80 mil pensamentos por dia! Isso explica a expressão "estar com a cabeça a mil por hora". Estamos sempre pensando, mas o ato de pensar não é o problema.

O problema é que os modos críticos, catastróficos ou inflexíveis de pensar e as reações emocionais negativas muitas vezes se tornam automáticos. Aprendemos isso com nossas primeiras experiências na infância. Se alguém vem de uma família com pais muito críticos, por exemplo, pode ter o impulso automático de pensar o pior de si mesmo e ser invadido por pensamentos negativos quando se vê em uma situação que reflete certos aspectos de sua infância. Como consequência, controlar as emoções pode se revelar um problema.

De forma parecida, alguém poderia ter aprendido na infância que algumas emoções não são aceitáveis, como raiva, medo ou vulnerabilidade. Na vida adulta, essa pessoa pode ter dificuldade para lidar com essas emoções e, por conta disso, vivenciar padrões de pensamentos negativos sempre que elas aparecem.

Já atendi muitos pacientes que não podiam se mostrar vulneráveis durante a infância. Por isso, quando se veem em situações que evocam emoções difíceis de lidar na fase adulta, têm o impulso automático de criticar a si mesmos, pensando coisas como "Não era para eu me sentir assim", "Sou uma pessoa fraca" ou "Sou inútil". Em resumo, as primeiras experiências na infância determinaram a forma como eles deveriam reagir a certas situações.

Os pensamentos automatizados e as respostas emocionais tendem a ser habituais. A menos, é claro, que a pessoa resolva analisar os impactos negativos causados à sua vida e faça um esforço consciente para mudar a forma como reage. A terapia traz uma luz nesse quesito. Abre um novo leque de modos de pensar e respostas emocionais mais saudáveis. É possível mudar.

Mas o foco de uma boa terapia não vai ser apenas a camada superior do bolo. Claro, pode até ser uma boa solução temporária para lidar com pensamentos e emoções, mas se quisermos descobrir o segredo para uma mudança *duradoura*, não podemos ignorar as camadas intermediárias e inferiores, já que ambas têm um impacto direto no nosso modo de pensar e sentir.

Vamos dar uma olhada na camada do meio. É bem interessante. Nela estão as regras e convicções que herdamos da família, da cultura, da religião, do gênero e de qualquer experiência determinante que já tivemos. Ela dita (de forma consciente ou não) como achamos que devemos levar a vida. É mais escondida que a camada superior, e também mais arraigada.

Aprendemos bem cedo na vida que, se quisermos nos encaixar, ser levados a sério, ter a sensação de pertencimento, de segurança, e assim por diante, precisamos "entrar no jogo". E isso significa ater-se às regras e convicções que herdamos.

São os pré-requisitos para sermos aceitos na sociedade, ou assim somos levados a acreditar. Esses pré-requisitos diferem de pessoa para pessoa, a depender da situação em que se encontram. No entanto, alguns aparecem com frequência, como ser uma pessoa boa, perfeita, bem-sucedida, confiável e altruísta, alguém que está no controle e é emocionalmente "forte". Muitos pacientes me dizem que não querem de forma alguma ser considerados carentes, fracos, vulneráveis, teimosos, fracassados e decepcionantes.

Em teoria, não existe nada de errado em ter regras e convicções sobre o que significa "levar uma vida funcional", especialmente se elas derem certo e não causarem sofrimento. Afinal, a camada intermediária do bolo é uma parte importante da estrutura. Mas o problema é que, muitas vezes, as regras e convicções são inflexíveis, e a inflexibilidade é algo difícil de confrontar.

Se suas regras pessoais determinam que você *precisa* ser uma pessoa perfeita, boa, bem-sucedida, e assim por diante, a vida será um desafio. Ninguém consegue ser todas essas coisas o tempo todo. Da mesma forma, se você acredita que é seu dever agradar às pessoas, *nunca* decepcionar os outros, ser *sempre* o melhor etc., a vida será um tormento. Você é humano. Regras e convicções rígidas e inflexíveis vão causar sofrimento, que se manifestará por meio de pensamentos e emoções negativos.

Lembre-se de uma vez que você determinou que precisava atingir a perfeição em alguma coisa, mas nada saiu conforme o planejado. Se tem (ou teve, à época) convicções inflexíveis a respeito do perfeccionismo, então o resultado, como era de esperar, deve ter vindo na forma de pensamentos negativos, autocríticos ou autodepreciativos. É bem provável que tenha sentido que não era uma pessoa boa o bastante, que tinha falhado ou decepcionado os outros. Suas regras e convicções estabeleceram uma reação mental e emotiva movida à angústia.

Por outro lado, se houvesse flexibilidade em relação a suas regras e convicções, o cenário poderia ter se desenrolado de um jeito diferente. É possível usar pensamentos compassivos para lidar com um resultado imperfeito, como "Fiz tudo o que pude e o que aprendi pode ser útil da próxima vez". Do ponto de vista emocional, é mais fácil lidar com essa abordagem.

Em resumo, ao analisar, adaptar e flexibilizar suas regras e convicções, será mais fácil esquecer pensamentos e emoções negativos automatizados. A terapia pode ajudar nesse ponto.

Vamos fazer uma breve recapitulação antes de passarmos para a camada inferior do bolo, que é ainda mais interessante.

A camada superior são nossos pensamentos e emoções, que estão conectados de forma inextricável e são diretamente afetados pela segunda camada, composta por nossas regras e convicções.

Agora vem a terceira camada. Não será surpresa se eu disser que é ela que influencia tudo. É o epicentro da terapia. Nossas *convicções mais arraigadas e profundas*.

Cada modelo de terapia tem uma explicação diferente, mas o significado nunca muda. As convicções arraigadas são os pilares que sustentam toda a nossa visão de mundo e constituição psicológica. Elas podem ser divididas em quatro categorias principais e, em geral, manifestam-se da seguinte forma:

- **Segurança e proteção:** sentir que você está em segurança ou não.
- **Amabilidade:** sentir que você é uma pessoa digna de amor ou não.
- **Autovalorização:** sentir que você tem valor ou não.
- **Esperança:** sentir esperança ou não.

Vejamos um exemplo. Uma pessoa que nunca se sentiu segura ou amada quando criança terá seu sistema de crenças influenciado por essa experiência. As regras e convicções serão voltadas para permanecer em segurança: não posso me arriscar, preciso traçar planos, preciso ter certeza. Eu deveria agradar todo mundo, ou podem me rejeitar. Não posso demonstrar vulnerabilidade, ou posso ser abandonada.

Como consequência, essa pessoa também pode ter dificuldade para lidar com as próprias emoções e com padrões de pensamentos negativos ou críticos. Sua experiência de vida produziu convicções arraigadas que estabeleceram uma base instável. Isso se reflete em seus pensamentos, sentimentos e reações aos fatos do cotidiano. Nenhuma dessas coisas é culpa dela, e isso é algo que a terapia também busca abordar, pois não apenas trata dos problemas primários, mas de qualquer sensação secundária de culpa ou vergonha.

O QUE ESPERAR DA AUTOTERAPIA

A maioria das pessoas acredita que a terapia consiste em um bate-papo semanal responsável por suscitar reflexões que, com sorte, vão melhorar sua saúde mental e garantir uma vida mais feliz. Se é isso que você está buscando, talvez este livro não seja adequado para você. Acho melhor esclarecer isso desde já.

Na minha experiência, a maioria das pessoas não fará avanços a menos que a terapia seja um processo ativo e colaborativo. A meu ver, falar é apenas uma parte da terapia, pois ela também envolve:

- Continuar o trabalho entre as sessões.
- Adotar uma série de ações, e não apenas palavras, como mudanças de comportamento.
- Desenvolver um novo modelo de autocuidado.
- Comprometer-se com o processo e integrá-lo ao seu modo de vida.
- Trabalhar com as conexões entre as emoções mentais e físicas.
- Encarar desafios.
- Ter disposição para desapegar de velhos padrões.
- Não esperar que o terapeuta faça todo o trabalho.
- Manter a mente aberta e curiosa para as possibilidades do processo.
- Ter disposição para mudar.

Agora, quero explicar a utilidade de algumas estratégias recomendadas para a sua autoterapia:

> **Fazer relatos ou reflexões sobre a vida:** ajuda a processar suas experiências (e, por "processar", quero dizer "permitir que seu cérebro entenda o que aconteceu e arquive as memórias no devido lugar").

Seguir atividades práticas: consolida o que você já sabe e ajuda a mudar comportamentos ou padrões.

Registrar as coisas por escrito: aumenta a probabilidade de implementar as mudanças necessárias.

Questionar padrões de pensamento: estabelece formas mais úteis e apropriadas de pensar.

Regular as emoções: traz mais conforto em relação ao seu lado humano e evita emoções reprimidas.

Aceitar verdades incômodas: é bem provável que eu já tenha escutado várias versões do que você está relatando e, com isso, aprendido algumas coisas que tendem a ser verdadeiras a respeito dessa situação. Por mais que sejam difíceis de ouvir, é muito importante enfrentar as verdades incômodas se você quiser avançar.

Durante sua jornada terapêutica, espero que você descubra que a terapia é uma experiência ativa, não passiva. Está relacionada ao seu jeito de viver, se mover, respirar, pensar, reagir e cuidar de si mesmo.

É um processo que envolve autoconhecimento. Contar sua própria história. Entendê-la. Saber o que quer. Também saber o que precisa ser feito para implementar as mudanças necessárias. É reformular a própria vida.

O QUE É ESPERADO DE VOCÊ

Vou manter esta seção curta e agradável.

Tudo o que lhe peço é que compareça, mantenha a mente aberta, confie no processo e coloque a mão na massa. Acima de tudo, não se cobre tanto.

Se você sentir que precisa de mais ajuda do que este livro pode oferecer, não hesite em interromper a leitura e buscar o aconselhamento do seu médico ou profissional especializado.

Então, vamos começar? Quero saber um pouco mais sobre você.

2

Pode me contar sua história?

A verdade é que mesmo aqueles com a vida aparentemente perfeita passam por momentos difíceis.

Quando as dificuldades surgem durante a infância, é mais fácil evitar as responsabilidades cotidianas e usar a mente como um refúgio saudável, ao contrário do que acontece quando somos adultos. Quando chegamos a essa fase, somos forçados a encarar a vida em toda a sua crueza e com toda a consciência e percepção (muitas vezes dolorosas!) que esse período nos traz.

Quando eu morava em Dublin, muitos anos atrás, era comum cumprimentar as pessoas com um "O que me conta?", em vez de "Oi" ou "Como vai?". É claro que ninguém esperava um relato completo, tintim por tintim, de qualquer coisa que tivéssemos para contar naquele dia. Mas era uma pergunta educada. Adoro essa saudação porque denota um interesse genuíno no outro, ou ao menos um reconhecimento de sua história naquele momento.

Hoje em dia faço uma pergunta semelhante: "Pode me contar sua história?". Ela contém muitos tesouros escondidos que vão ajudar a entender a sua essência e descobrir a fórmula para uma vida mais plena.

A sua história é entremeada por escuridão e luz, fracasso e sucesso, perda e redenção, desalento e esperança. Todas essas coisas fazem parte da rica tapeçaria da vida, porém o problema é que as experiências mais difíceis ficam grudadas em nós feito chiclete e, a longo prazo, podem gerar flutuações de humor, ansiedade e problemas no nosso dia a dia.

Quero ensinar você a lidar com esses desafios e a navegar pelos altos e baixos da vida com a ajuda da autoterapia diária.

Mas antes de eu embarcar nessa jornada para ensiná-lo a se tornar seu próprio terapeuta, precisamos preparar o terreno. Sei que é chato e você deve estar pensando "Vamos, diga logo qual é a solução". No entanto, a verdade é que a solução é *você*, e por isso precisamos começar com sua história. *Porque ela é importante e merece ser contada.*

Contar sua história vai ajudar a relacionar os fatos de sua vida à pessoa que você se tornou. As coisas pelas quais passou são como as peças de um quebra-cabeça. À medida que começar a encaixá-las, você vai acabar chegando ao momento em que consegue ver o panorama completo, que representa tudo o que há para saber sobre você e o que o levou a ser como é. Por exemplo, uma criança que sempre era deixada sozinha pelos pais pode desenvolver um medo de abandono na idade adulta. A autoconsciência que vem ao contar sua história — ao juntar as peças do quebra-cabeça — é a essência da terapia. Com a ajuda dessa autoconsciência, você vai se sentir mais seguro, mais calmo e mais à vontade em momentos de tristeza, medo ou descontrole. Também vai ajudá-lo a se recuperar mais rápido.

A história da sua vida desencadeará momentos de epifania, quando você terá sacadas repentinas. Acredite se quiser: seu poder vem da sua história de vida. Embora você não possa mudar o passado, pode tirar força e sabedoria do que aconteceu. De tudo o que a vida engloba, até mesmo as partes mais caóticas. Acredito que qualquer forma de terapia ou autoajuda só funciona se a pessoa aceitar a própria história como de fato é, e não como ela gostaria que fosse.

Mas só isso não basta. Também é importante contar sua história para outras pessoas. É aí que reside o poder. Quando você reúne coragem para contar sua história, também está dizendo que não tem mais vergonha dela. E isso é transformador.

Por isso, eu adoraria convidar você a contar, talvez pela primeira vez, a sua história.

UM AVISO

Antes de chegarmos ao cerne desta parte do processo, quero dizer que sei que você provavelmente já tem métodos testados e aprovados para lidar com certos aspectos da sua vida. Talvez tenha um leque de versões ensaiadas de sua história, cada uma servindo a um propósito diferente, de que você dispõe conforme a situação.

Pode ser que, mesmo sem perceber, você lance mão de alguns truques psicológicos inteligentes para evitar contar sua história ou para torná-la mais palatável ou apropriada:

Negação: quando você não quer aceitar o que lhe aconteceu. Pode soar como: "Deu tudo certo".

Minimização: quando você minimiza o impacto de uma experiência significativa para evitar a dor causada por ela. Pode soar como: "Acho que poderia ter sido pior".

Catastrofização: quando você exagera os aspectos negativos de uma experiência porque precisa que seu sofrimento seja reconhecido pelo outro. Pode soar como: "Foi tudo horrível".

Ruminação: quando você acredita (de forma equivocada) que pensar e repensar sobre aspectos de sua história vai ser de alguma ajuda. Pode soar como: "Teve aquela vez, e depois aquela outra...".

Dissociação: quando você trata sua história como se pertencesse a outra pessoa ou se recusa a se envolver com ela para evitar a dor que traz. Pode soar como: "Eu não lembro muito bem".

Evasão: quando você acha mais fácil evitar falar sobre sua história, pois é algo que traz desconforto. Pode soar como: "Não gosto de falar sobre isso".

Fantasiar: quando você quer fingir que algo aconteceu ou deixou de acontecer na sua vida. Pode soar como: "Foi tudo incrivelmente maravilhoso".

Repressão: quando você enterra uma memória na esperança de que ela vá embora. Pode soar como: "Não quero falar sobre isso, prefiro me concentrar no futuro".

Se você perceber que está caindo na armadilha de empregar esses truques ou contar as versões ensaiadas de sua história, interrompa suavemente o processo, volte e recomece sua história sem julgamentos.

Quando fiz terapia pela primeira vez, aos vinte e poucos anos, achava que tinha tudo "nos trilhos", e posso até ter passado essa impressão para aqueles que conviviam comigo. Eu estava prestes a me assumir gay, e conversar com alguém antes me pareceu uma ideia sensata. Na primeira sessão, comecei a contar à terapeuta uma versão muito mecânica e ensaiada de minha história. Estava tudo ótimo. Eu estava ótimo. Minha vida estava ótima. Minha família estava ótima. Tudo estava ótimo, ótimo, ótimo! A terapeuta se deteve e, com muita calma, falou: "Você me disse que está ótimo, mas parece um pouco triste". E foi aí que a história de estar ótimo caiu por terra. De repente, comecei a chorar e recomeçamos a sessão. É claro que eu não estava nada bem, e já estava na hora de parar com aquele fingimento. Além de me trazer alívio, essa decisão também marcou o início de uma nova compreensão acerca de mim mesmo que eu jamais teria descoberto por conta própria. Quem diria que o sr. Ótimo tinha passado tantos anos equivocado?

POR ONDE COMEÇAR?

Escuto isso com frequência quando peço aos pacientes que me contem sua história. Antes de tudo, quero deixar claro que nunca peço um relato detalhado da vida de alguém, pois acredito que isso pode incentivar a ruminação (reflexões profundas que podem nos manter estagnados). Em vez disso, prefiro uma versão resumida, como o trailer de um filme, pois assim recebo um relato mais focado e coeso.

É possível alcançar essa "versão de trailer" ao traçar uma *linha do tempo*, que se divide em quatro etapas:

1. Rascunho da linha do tempo (ou seja, sua história de vida)
2. Segunda edição: a reescrita
3. Terceira edição: como você se sentiu?
4. Compartilhar sua história com alguém que vai saber apreciá-la

Essa estrutura o ajudará a se concentrar nos aspectos mais importantes da história e, com sorte, fará dela uma experiência catártica. Quero encorajá-lo a contá-la de um jeito novo, pois assim pode fazer uma avaliação mais racional e imparcial. Às vezes podemos ficar tão envolvidos com a forma como a história é contada, e não com a história em si, que não conseguimos manter a distância necessária para avaliar os fatos de um ponto de vista lógico e equilibrado. Também acontece com frequência de nos desvencilharmos por completo da história ou contá-la como se tivesse acontecido com outra pessoa.

Certa vez, quando pedi a um paciente de 21 anos que escrevesse sua linha do tempo, ele retornou com uma folha em branco e alegou que não conseguia se lembrar de um único aspecto de sua vida que fosse digno de nota. Por mais que eu soubesse que isso não era verdade, a folha em branco indicava que teríamos muito trabalho pela frente, e o exercício funcionou como um bom ponto de partida. Uma entrada. Representava a sensação de vazio e desconexão que o paciente sentia ao pensar na própria vida.

Ao contrário desse paciente, porém, *você* está sendo seu próprio terapeuta, então é importante que dedique um tempo a esse trabalho. É nessa parte do processo que está o ouro, então, quanto maiores os esforços, melhores os resultados.

ETAPA I

RASCUNHO DA LINHA DO TEMPO
(OU SEJA, SUA HISTÓRIA DE VIDA)

Você é a única pessoa qualificada para escrever sua própria história. Ninguém mais pode descrever com precisão como tem sido sua vida. Por mais que outras pessoas possam discorrer sobre os acontecimentos de que têm ciência, só você conhece as conversas privadas, os momentos tranquilos compartilhados ou mesmo os eventos que tiveram maior impacto. Só você é especialista na sua própria história, então ela precisa ser contada por você e mais ninguém, sem cortes nem edições, com defeitos e tudo.

Cabe a você decidir como vai contá-la. A maioria das pessoas prefere uma narrativa por escrito, mas ao longo dos anos já vi desenhos, pinturas, poesias, canções e até um curta-metragem! O importante é que a história seja contada, qualquer que seja o método.

Ao recordar os acontecimentos de sua vida, sugiro que separe algumas horas e vá para um lugar reservado, longe de qualquer interrupção. Tente enxergar este exercício como um grande evento, quase como comparecer a uma reunião importante que pode mudar sua vida. Sugiro que escolha um lugar confortável e tranquilo. Não tente fazer isso enquanto tem que dar atenção ao cachorro ou preparar o jantar. É a sua oportunidade de fazer algo que pode causar um impacto poderoso e positivo na sua vida. Por isso, é preciso dedicar todo o seu tempo e atenção.

Se começar a sentir angústia enquanto escreve sua história, você pode fazer uma pausa e retomar quando achar melhor. Se perceber que vai ser muito difícil avançar por conta própria, considere buscar a orientação de um terapeuta profissional. Por mais que certas partes do processo possam trazer desconforto, vale a pena se lembrar de que tudo o que é recompensador quase nunca vem fácil.

Como guio você pelo processo, vou adotar o método de escrita, mas você pode fazer os ajustes necessários se decidir trilhar um dos outros caminhos.

Que tal um exemplo antes de começarmos? Digamos que você tenha quarenta anos. É importante refletir sobre todos os principais acontecimentos da sua vida, desde a infância até os dias de hoje. Sugiro que divida a linha do tempo em blocos de dez anos, mais ou menos. Por exemplo:

de zero a nove, dez a dezenove, vinte a vinte e nove, trinta a quarenta.

Se não conseguir recordar a infância em detalhes, não tem problema. Talvez existam histórias de família com sua participação, mas se não conseguir se lembrar direito, não force a barra. Este relato deve ser feito por *você*.

Aqui está um exemplo de linha do tempo:

Ano/idade	Experiência Saúde, família, educação, emprego, acontecimentos importantes etc.	Significado O que isso significou para mim na época (exemplo: eu me senti sozinho, desprezado, injustiçado; as pessoas me machucaram, me rejeitaram)
0-9		
10-19		
20-29		
30-40		

Primeiro, você listará todos os acontecimentos e períodos felizes, alegres, comemorativos ou positivos de sua vida no topo de cada coluna. Pode ser um prêmio conquistado, o início de um relacionamento e uma nova paixão, a contratação em um emprego ou boas notas em uma prova, férias maravilhosas, um momento em que todo o seu esforço valeu a pena, uma festa incrível — qualquer coisa que tiver trazido inspiração à sua vida. Sugiro que não pense demais nem tente analisar o que vier à mente. Apenas permita que a lembrança venha à tona e anote-a sem julgamentos. A honestidade e a tolerância são fundamentais nesse ponto.

Em uma coluna separada, você fará a mesma coisa, mas dessa vez com foco nas lembranças tristes, difíceis e negativas. Pode ter a ver com romper um namoro, perder um ente querido, ser demitido, falhar em alguma coisa, sofrer bullying, ser acometido por alguma doença ou, ainda, com algum ato de que você se envergonha. Vai ser inevitável revisitar algumas lembranças incômodas, e isso pode dificultar ainda mais essa parte do processo. Tudo está dentro do esperado, então, por favor, tente não entrar em pânico se a sensação não for "nada boa". A terapia pode ser desafiadora. Crescemos como pessoa quando nos permitimos acessar algumas das partes mais sombrias de nossas experiências. Ou, como gosto de dizer às vezes, é errando que se aprende!

Seja uma lembrança negativa ou positiva, não se esqueça de que a opinião dos outros não importa. Por exemplo, se surgir uma lembrança que, por qualquer razão, desperte associações específicas — talvez você tenha ficado triste quando um irmão mais novo entrou em cena ou feliz quando um avô cruel morreu —, anote-a. Permita que as lembranças sejam como de fato são, e não como os outros acham que devem ser.

ETAPA 2

SEGUNDA EDIÇÃO: A REESCRITA

Depois de concluir o primeiro rascunho, sugiro que você deixe a linha do tempo descansar por um ou dois dias. Seu cérebro vai estar ocupado processando todas as velhas lembranças que vieram à tona, e algumas novas podem surgir.

Passados alguns dias, releia sua linha do tempo com as seguintes perguntas em mente:

- Esta parece uma versão verdadeira, crua e autêntica da minha história?
- Ela reflete os momentos de dor e sofrimento?
- Será que dourei a pílula em alguns detalhes ou deixei certos acontecimentos de fora?
- Será que fui totalmente honesto comigo mesmo?

Alguma dessas perguntas o fez reconsiderar o que escreveu? Uma lembrança que passou em branco na primeira vez ou, ainda, uma lacuna a ser preenchida? A ordem dos acontecimentos precisa de ajustes? Se for o caso, sinta-se à vontade para editar sua linha do tempo (mas tenha em mente que também não há o menor problema em manter uma cópia da versão original, se preferir. Pode ser interessante acompanhar as mudanças na história).

Se algumas de suas reflexões não se encaixarem muito bem na linha do tempo, anote-as em outro lugar e guarde-as em segurança para revisitá-las, se necessário.

ETAPA 3

TERCEIRA EDIÇÃO: COMO VOCÊ SE SENTIU?

Até esse ponto, o foco residiu nos detalhes da sua história, mas o intuito é que você aprenda a se tornar seu próprio terapeuta. Então, como já deve imaginar, também precisamos abordar esses sentimentos delicados.

Antes de avançarmos, quero tecer um comentário sobre sentimentos. Muitos de nós achamos que deveríamos ter sentimentos "positivos" o tempo todo, e que os "negativos" são um indício de que tem alguma coisa errada. Isso acontece, em parte, porque os sentimentos bons nos trazem sensações melhores e, em parte, porque a internet, a mídia e os comerciais vivem nos dizendo que precisamos adotar uma mentalidade positiva. Mas é impossível se sentir bem o tempo todo, porque uma vida plena sempre apresentará períodos difíceis carregados de emoções negativas e momentos que nos fornecem reflexões e aprendizados. E essas emoções negativas, assim como as positivas, servem a um propósito. Na verdade, gosto de enxergar nossos sentimentos como barômetros, indicadores que sinalizam o retorno à estabilidade. A vida é composta por uma miscelânea de experiências emocionais, e é assim mesmo que deve ser. Como vamos conseguir apreciar os momentos bons se não tivermos vivido os ruins?

Em suma, *todas* as emoções tentam fornecer ajuda e orientação a você. Em vez de dividi-las entre "boas" e "ruins", tente acolher cada uma e enxergá-las como algo interessante. É incrivelmente libertador.

Mas, agora, voltemos à linha do tempo. Vale a pena refletir sobre quais sentimentos surgiram quando você analisou os acontecimentos da sua vida — tanto na primeira quanto na segunda edição. Pode ser que algumas reações tenham causado surpresa, ou talvez tenha havido momentos em que você não sentiu o que esperava sentir. Anote, talvez com uma caneta de outra cor, os sentimentos que surgiram ao relembrar os acontecimentos marcantes de sua vida. Demonstre curiosidade a respeito desses conjuntos de emoções que circundam os pontos importantes da sua trajetória. Se não conseguir acessar essas emoções, não tem problema, desde que isso o ajude a descobrir alguma coisa a seu respeito — talvez você perceba que costuma se desvencilhar de certos sentimentos. Ou talvez tenha dificuldade de rotulá-los, e isso tampouco é um problema, porém vale a pena tentar mudar.

Não se esqueça de que, nesta etapa, a intenção não é trabalhar com seus sentimentos, e sim descobrir quais são e permitir-se sentir todos eles. Você pode acabar descobrindo uma informação nova ou tendo um momento de epifania. Mas não tente forçar nada: deixe fluir naturalmente.

Lembro-me de fazer esse exercício durante a terapia e descobrir algo interessante. Consegui recuperar uma memória do início da adolescência, quando fiquei com saudade de casa em um passeio de escola. Fiquei muito chateado por estar longe, então um dos professores teve que me levar de volta para meus pais. Quando perscrutei as emoções em torno desse acontecimento, percebi que me senti envergonhado e constrangido quando antes pensava estar apenas apreensivo por ficar longe de casa. Essas emoções me ensinaram que, na verdade, estava com receio de decepcionar meus pais, o que levou a uma sensação de vergonha e constrangimento. Anos depois, me dei conta de que esse episódio aparentemente banal contribuiu para que eu desenvolvesse a convicção de que nunca poderia voltar atrás, ou acabaria constrangido e envergonhado.

É fascinante o quanto esses sentimentos podem nos ensinar, dada a oportunidade. No capítulo 3, vamos falar mais sobre o que se pode aprender com as respostas emocionais a acontecimentos passados, quando traçarmos o roteiro de sua história. Por ora, contudo, basta estar a par dos próprios sentimentos e se perguntar: "De onde será que veio isso?". A consciência virá.

Durante este exercício, sugiro que não passe muito tempo pensando, analisando ou matutando sobre os acontecimentos do passado nem sobre suas respostas emocionais. Algumas lembranças vão ter mais peso do que outras. Certas reações não vão fazer o menor sentido. Uma lembrança feliz pode evocar tristeza. Uma lembrança difícil pode desencadear uma série de emoções ou até mesmo uma sensação de entorpecimento. Não existe resposta certa ou errada. Suas emoções são o que são, no entanto, elas podem ensinar algo sobre quem você é e como reage à vida. Posso lhe garantir.

Além de documentar suas reações a episódios específicos do passado, talvez também seja útil refletir sobre como foi a experiência de traçar sua linha do tempo. Aqui estão algumas respostas que costumo ouvir com frequência:

- Gostei bastante.
- Foi difícil.

- Tentei evitar.
- Fiquei deixando para depois.
- Queria terminar o quanto antes.
- Queria evitar o meu passado.
- Foi bem surpreendente.
- Desenterrei muitas lembranças.
- Tinha esquecido vários momentos bons.
- Foi emocionante.

A experiência de separar alguns momentos para elaborar sua linha do tempo pode ser tão reveladora quanto suas respostas emocionais aos acontecimentos. Só para constar, fiquei um pouquinho irritado quando elaborei a minha, pois tive que enfrentar aspectos da minha vida que eu vinha evitando havia um bom tempo. A irritação me alertou para a tendência de evitar as coisas. Percebi que às vezes tento fugir para não lidar com as partes incômodas da vida.

Talvez seus sentimentos não façam muito sentido no decorrer do exercício, mas não tem o menor problema. Vamos trabalhar nessa parte do processo no capítulo 3, quando você "mapear" sua história e a vincular à sua vida atual.

ETAPA 4

COMPARTILHAR SUA HISTÓRIA COM
ALGUÉM QUE VAI SABER APRECIÁ-LA

Existe uma expressão na língua inglesa que diz: "Todo mundo tem um livro dentro de si". E acredito mesmo nisso.

Todo mundo tem uma história única para contar. E é de vital importância que todos tenham o direito de contá-la. Ao compartilhá-la com o mundo, a pessoa será vista, ouvida e, com sorte, validada.

Trabalhei na área de cuidados paliativos por muitos anos e, vez ou outra, encontrava pessoas à beira da morte que nunca haviam tido a oportunidade de contar a própria história. Às vezes a compartilhavam comigo. Eram momentos valiosos. Era um privilégio ouvir. E era comovente ver o brilho e a sombra em seus olhos conforme transitavam por sua história de vida. Perdi a conta de quantas vezes ouvi alguém à beira da morte dizer:

- É um alívio contar isso a alguém.
- Fico feliz que alguém saiba disso.
- Agradeço muito por me ouvir.
- Achei que ninguém daria bola para minha história.
- Sinto que tirei um peso das costas.

Essa sensação de tirar um peso das costas era tangível em quase todas as histórias.

Você tem a oportunidade de contar sua história em toda a sua plenitude e esplendor agora, enquanto ainda vive. Não precisa esperar até estar à beira da morte, ou pior, levá-la para o túmulo. E agora é a hora. Afinal, o agora é tudo o que temos. O amanhã não é garantido a ninguém.

COMO CONTAR SUA HISTÓRIA

Não quero ser muito prescritivo aqui, pois *você* saberá contar sua história melhor que ninguém. Afinal, ela é sua. Não existe ninguém mais indicado para essa função.

Sendo assim, limito-me a compartilhar algumas dicas que podem ajudar você a tirar o maior proveito possível dessa experiência.

Primeiro, escolha uma pessoa com quem você se sinta confortável. Explique a ela que você esteve elaborando a linha do tempo de sua vida. Quando atendo pacientes, sempre sugiro que busquem um bom **par** de ouvidos. Em geral, são pessoas:

Presentes
Amorosas
Receptivas

Evite o amigo ou familiar que interrompe, julga, intromete-se com a própria história ou demonstra sinais de desrespeito em relação à sua narrativa.

Se alguma parte de sua história for muito angustiante ou traumática, não hesite em consultar um médico ou profissional de saúde mental. A maioria das questões pode ser resolvida entre as redes pessoais, mas é bom estar ciente de que, às vezes, intervenções profissionais são de vital importância.

Encontre um lugar tranquilo e reservado. Nesse caso, um bar ou discoteca talvez não sejam uma boa pedida. O restante está nas suas mãos. Compartilhe sua linha do tempo com a outra pessoa e a presenteie com uma versão honesta e sem rodeios de sua história. Lembre-se: você deu a cara à tapa, baixou suas defesas e permitiu-se ser visto *como realmente é*, sem a carapaça social que todos usamos para nos proteger. Isso exige uma coragem desmedida. Você é uma pessoa corajosa.

Evite divagações e não permita que o ouvinte "banque o terapeuta" enquanto você conta sua história. Deixe-a fluir naturalmente. Permita que as emoções floresçam, faça uma pausa quando julgar necessário, respire, sorria, chore e orgulhe-se de seus passos rumo à transformação.

Assim que essa parte estiver concluída, a próxima etapa é resgatar o que puder de sua história. É o estágio de "mapeamento" e o início do que, com o tempo, trará uma compreensão muito mais ampla de quem você é e por que é assim. Isso será abordado em mais detalhes no capítulo 3.

Por ora, deixarei que você conte sua história.

HISTÓRIA DE NIGEL

A meu ver, compartilhar estudos de caso tem grande utilidade, pois muitas vezes eles abordam certas questões ou esclarecem dúvidas pertinentes.

Nigel trabalhava para uma grande empresa e chegou ao meu consultório buscando ajuda para três questões:

- Ansiedade (que costumava ficar mais intensa nas noites de domingo).
- Dificuldades para se relacionar.
- Sensação de fracasso.

Nada disso fazia sentido para ele. Nigel era bom no que fazia, sempre caloroso nas relações interpessoais e muito bem-sucedido na carreira. De repente, no meio da sessão, ele ficou irritado e deixou escapar: "Eu não entendo esses malditos sentimentos!". Mas eu estava confiante de que conseguiríamos passar tudo a limpo, e assegurei-lhe isso.

Depois da primeira sessão, exploramos a linha do tempo de Nigel, que se ressentiu da tarefa. Disse que o deixou irritado, já que desejava que a terapia trouxesse "felicidade", não desconforto; porém, naturalmente, a linha do tempo foi vital para nos ajudar a entender seus problemas.

Nigel foi criado por uma família amorosa que fez tudo por ele, e não conseguimos identificar nenhum grande trauma na vida. É claro que ele passou por altos e baixos, tristezas, separações e alguns momentos difíceis. Houve, contudo, um acontecimento que desencadeou uma enorme reação em sua linha do tempo.

Aos onze anos, Nigel foi matriculado em um colégio particular. Os pais achavam que seria bom para o filho, mas ele estava triste pois todos os amigos frequentavam uma outra escola. Nigel nunca contou isso aos pais, temendo deixá-los decepcionados. Sonhava em cursar teatro, mas sabia que os pais não queriam essa vida para ele. Foi o que desencadeou a sensação de fracasso.

Depois, ele discorreu mais sobre o pavor que sempre sentira nas noites de domingo. Essa sensação dominical o acompanhava desde sempre, e foi durante a terapia que descobrimos que seu emprego corporativo era uma extensão da escola. Nigel não queria estar lá e não levava a vida dos seus sonhos. Ele, enfim, começava a entender a própria ansiedade.

Nigel também percebeu que não se sentiu ouvido ao ser matriculado no colégio particular. Já adulto, entendia que os pais tinham feito o que julgavam melhor para o filho, mas na adolescência sentiu que sua opinião não tinha sido levada em conta. Com isso, passou a ficar desconfiado de qualquer pessoa que tentava se aproximar. Contou-me que chegou a sabotar um relacionamento de propósito só para evitar a rejeição. Essa desconfiança em relação às pessoas nunca tinha sido tratada.

Se Nigel não tivesse reunido a coragem necessária para contar a própria história, nunca teríamos descoberto a raiz de seus problemas. A ansiedade, a dificuldade de se relacionar e a sensação de fracasso começaram a fazer todo o sentido. Depois disso, ele passou a se esforçar para deixar de lado suas convicções inúteis a respeito da confiança, de si mesmo e dos outros.

3

JUNTANDO AS PEÇAS

Já usei essa metáfora em outro momento, mas vou recorrer a ela outra vez, pois acho que explica perfeitamente o que pretendo dizer aqui: fazer terapia é quase como montar um quebra-cabeça. Há um montão de peças, que são os altos e baixos da vida, porém só é possível ver o todo — tudo o que há para saber sobre quem você é e por que é assim — quando encaixamos todas elas. Se uma peça ficar de fora, o quebra-cabeça sempre estará incompleto. Por isso, precisamos de todas.

O mesmo acontece quando lidamos com nossa história. Não podemos escolher nos concentrar apenas nas partes e experiências boas. Se quisermos entender quem somos e por quê, antes precisamos compreender toda a nossa história, mesmo que isso signifique confrontar sentimentos ruins, momentos em que nos comportamos mal ou nos sentimos diminuídos.

Talvez você esteja se perguntando por que é tão importante entender a própria história. São águas passadas, afinal. Já perdi as contas de quantas vezes ouvi "Tenho mesmo que revisitar tudo isso?" no consultório. E já vou logo adiantando que tem, sim! Pois a sua história está repleta de informações que vão ajudar a criar uma consciência transformadora a respeito da vida. Sua história tem mais poder do que você imagina.

Eu também já disse isso antes, mas vale repetir: ninguém pode contar sua história ou entendê-la tão bem quanto você. Posso fornecer uma orientação, mas o especialista da sua vida é você. Sempre digo isso aos meus pacientes. Não tenho como saber o que eles de fato sentem nem como reagiram a um determinado acontecimento. Posso teorizar e ter empatia, claro, mas jamais sentirei as mesmas experiências na pele.

Isso me lembra de uma paciente, Julie, que recordou com tristeza o fato de não ter ganhado sapatos novos no primeiro dia de aula, aos dez anos. Todas as outras crianças estavam com seus pares novinhos em folha, menos ela. Na época, a família de Julie passava por dificuldades financeiras e o pai era dependente de álcool. Ela se desmanchou em lágrimas ao contar a história. Ao vê-la chorar, presumi que sua tristeza estivesse relacionada à vergonha ou ao constrangimento diante dos colegas de escola. No entanto, me enganei. O sofrimento estava atrelado às dores que sentira ao usar aqueles sapatos apertados. Julie nunca contou isso para a mãe, pois não queria pôr mais um peso nas costas dela. Tinha receio de que suas necessidades só agravassem os problemas da família e fizessem tudo desmoronar. E, com isso, Julie aprendeu a sofrer em silêncio, não apenas durante a infância, mas pela maior parte da vida adulta. Aquelas lágrimas irromperam depois de uma vida inteira de necessidades reprimidas com medo de sobrecarregar os outros. Mas isso mudou quando ela contou a própria história na terapia e juntou as peças do quebra-cabeça. Sem terapia, Julie provavelmente teria passado o resto da vida sofrendo.

E é por isso que sua história é tão importante, e porque você, e mais ninguém, pode entender o que ela representa.

COMO RELACIONAR O PASSADO E O PRESENTE?

Agora que sua história já foi contada, vou ajudar você a entendê-la. Vamos relacionar os acontecimentos do seu passado com a pessoa que você se tornou no presente e, assim, compreender por que você é como é.

A primeira tarefa é descobrir quais são seus problemas *atuais*.

Feito isso, vamos revisitar sua linha do tempo e descobrir qual acontecimento ou época pode tê-los desencadeado. O importantíssimo *porquê*.

Por fim, podemos começar a pensar em soluções para esses problemas com base em técnicas que você empregará posteriormente em sua prática diária.

Lembre-se, este é apenas o trabalho de base. Vamos abordar como você pode se tornar seu próprio terapeuta mais adiante. Por ora, contudo, o foco é responder a estas perguntas:

- Quais são seus problemas atuais?
- Como sua história pode explicá-los?

QUAIS SÃO SEUS PROBLEMAS ATUAIS?

Sei que essa é uma pergunta complicada e, se tivermos algo em comum, a resposta mudará todos os dias. E isso é absolutamente normal. Nossos pensamentos, sentimentos e reações à vida estão em constante mudança, assim como o clima. Alguns temas negativos, porém, sempre se repetem. A questão é que levamos vidas tão atribuladas que muitas vezes só nos damos conta dos problemas rotineiros quando decidimos prestar atenção aos nossos humores, pensamentos e comportamentos. E é justamente por isso que vamos despertar sua consciência para estados emocionais oscilantes.

Uma vez que estiver consciente dos principais desafios psicológicos que o impedem de avançar, você poderá optar por implementar mudanças que vão ajudar a resolver esses problemas. Ter consciência nos ajuda a tomar as rédeas de nossa própria vida.

É incrível como nosso humor pode variar de Dalai Lama para Incrível Hulk em questão de segundos.

Um tempo atrás, saí para caminhar no campo, meditando e sentindo-me em paz com o mundo. Dez minutos depois, caí estatelado em uma vala e me vi coberto de esterco. Nem preciso dizer que meus pensamentos e emoções mudaram em questão de segundos conforme eu me levantava e praguejava a torto e a direito.

Felizmente, consegui recuperar o equilíbrio e achar graça da situação — algo que aprendi na terapia. Mas muitas pessoas têm dificuldade de administrar suas reações aos altos e baixos do cotidiano e acabam ficando presas em estados emocionais que não ajudam em nada. Se isso soa familiar, pode ser que certas situações desencadeiem ciclos emocionais negativos em você.

Talvez você esteja com dificuldade para determinar quais são seus principais problemas. Tenho informações que podem ajudar. Como trabalhei por trinta anos na área de saúde, testemunhei pessoalmente muito sofrimento físico e psicológico e, nesse ínterim, percebi que os problemas geralmente se enquadram em uma das quatro categorias principais.

Os estudos de quase todas as áreas terapêuticas respaldam minha experiência, mas alguns modelos usam uma terminologia diferente.

As quatro principais categorias de problemas costumam abarcar:

1. Falta de autoestima
2. Sensação de não estar seguro e protegido
3. Falta de esperança
4. Sensação de não ser digno de amor

Vamos abordar os detalhes de cada uma delas mais adiante. Perceba como todas as categorias estão relacionadas à terceira camada do bolo sobre a qual já falamos: suas convicções arraigadas.

Há também "subtemas de problemas pessoais" que acompanham cada uma dessas categorias. Por exemplo, uma pessoa com autoestima baixa também pode sofrer de ansiedade social. Então, isso pode significar que você está enfrentando problemas psicológicos distintos que, embora a princípio pareçam requerer soluções individuais, na verdade estão todos relacionados e podem ser tratados em conjunto.

Ou pode significar que nenhuma dessas categorias parece abarcar seu principal obstáculo psicológico expressamente, pois na verdade ele está profundamente ligado a uma delas.

Quando se trata da condição humana, as coisas não são tão simples. Tente descobrir como o seu problema, seja qual for, se relaciona a um dos quatro temas.

Entender o cerne da questão é crucial. É impossível seguir adiante sem uma pitada de discernimento. E não apoio nenhuma destas esquivas que ouço diariamente:

- "Nem é tão ruim assim."
- "Poderia ser pior."
- "Tem gente sofrendo mais que eu."
- "Não tem por que insistir nisso."
- "Eu sou assim mesmo."

Se você sorriu ao ler a lista, é bem provável que eu esteja me referindo a você!

Agora, vamos fazer uma análise mais aprofundada das quatro categorias de problemas. Não se esqueça de ponderar sobre como seus problemas cotidianos podem se relacionar com algumas ou com todas elas.

AS QUATRO CATEGORIAS DE PROBLEMAS

1. FALTA DE AUTOESTIMA

A autoestima baixa pode assumir várias formas e desencadear comportamentos e sentimentos que variam de pessoa para pessoa. Mas, em síntese, autoestima baixa é a sensação de acreditar que você tem "menos valor do que os outros", que não é uma pessoa "adequada" nem "boa o suficiente", apesar de não existir nada que corrobore tais emoções negativas. Ela pode se manifestar de diferentes modos, desde não ter confiança, evitar pessoas ou situações, nutrir crenças auto-limitantes até enfrentar um monólogo interno recheado de dúvidas, questionamentos, autodepreciação ou autoaversão. *É viver com a sensação de que lhe falta algo. É viver se desculpando. É viver afundado em desconforto.*

Nesses casos, a pessoa tem a impressão de que os outros são sempre melhores. De que nada que fizer será o suficiente. A autoestima baixa afeta a vida nos âmbitos doméstico, pessoal e profissional, bem como em todos os outros aspectos. Tudo é visto como uma batalha árdua. Muitas vezes, busca-se o conforto por meio de álcool, drogas, comida ou quaisquer substâncias capazes de alterar o estado de espírito. Ou, ainda, a pessoa pode ficar presa a certos padrões, como tentar agradar a todos, agir com compensação excessiva, ser perfeccionista e se esquivar de acontecimentos dos quais não se sente digna.

A vida da pessoa pode passar a girar em torno de tentar esconder ou compensar a noção de "não ser boa o bastante". Caso isso se aplique a você — especialmente se só estiver se dando conta disso agora —, pode ser um pouco difícil ler este trecho. Alguns sentimentos incômodos podem começar a se agitar no seu peito. O desconforto é importante, um sinal saudável. Não tente se esquivar, pois isso trará a percepção de que você é uma pessoa boa o bastante — até mais do que isso.

2. Sensação de não estar seguro e protegido

A sensação de estar seguro e protegido é tida como priori-dade em todos os modelos de terapia. É algo importante para o desenvolvimento do ser humano. Quando nos sentimos assim, tendemos a florescer em todos os aspectos da vida. Por outro lado, quando nos sentimos inseguros ou ameaça-dos, temos problemas. Em outras palavras, ficamos ansiosos. Infelizmente, nem todo mundo cresce cercado de segurança e proteção. O conflito reina em muitos lares. A criminalidade assola muitas vizinhanças. Muitas pessoas se sentem amea-çadas se forem diferentes em algum aspecto, como em termos de cor da pele, raça, sexualidade, religião ou gênero. Conheci muitas pessoas que cresceram em países assolados pela guerra, segregação e opressão. Também me deparei com muitas víti-mas de violência, ameaças, abuso, bullying ou humilhação, às vezes cometidos até por membros da família.

Em suma, vivemos em um mundo muito imperfeito, às vezes perigoso, confuso e imprevisível. Em razão disso, é compreensível que muitas pessoas adentrem a idade adulta repletas de insegurança, vulnerabilidade e medo. O cérebro de cada uma delas foi programado para se sentir constan-temente ameaçado e ansioso. O problema é agravado pela crença de que estão falhando em ser fortes, resilientes e ter o controle das coisas. As técnicas de terapia podem ajudar a reprogramar o cérebro para que você tenha menos predisposição a se sentir alvo de uma ameaça constante.

3. Falta de esperança

Já reparou como os bebês vivem sorrindo para todo mundo? Eles não julgam. Não veem o lado ruim das pessoas. Apenas observam todas as possibilidades com admiração e entusiasmo. O mundo é um lugar a ser explorado. Eles são fáceis de agradar: só precisam de comida, bebida, abrigo e amor. Choram quando suas necessidades não são atendidas, mas costumam se acalmar quando se sentem confortáveis (o que acontece quase sempre). Consigo até imaginar alguns pais revirando os olhos ao ler isso depois de uma noite passada em claro!

Mas isso não dura para sempre. Uma hora os bebês crescem, depois de absorver cada interação, experiência e acontecimento. A depender do contexto e das circunstâncias, alguns aprendem que o mundo é um lugar seguro, ao passo que outros descobrem que é assustador e perigoso. Nesse último caso, podem ter sido cercados de pessoas zangadas, insatisfeitas, desiludidas ou ausentes. Podem ter crescido em ambientes difíceis e muitas vezes carentes. Dinheiro, comida e emprego podem ter sido, ou ainda ser, escassos. As pessoas ao redor podem ter se expressado de forma negativa e pessimista. A esperança só é destinada aos outros, é o que lhes dizem, de forma explícita ou não.

Essas experiências são o padrão, portanto problemas de humor, depressão e falta de motivação também se tornam a regra. O caminho para um sentimento incômodo de desesperança já está traçado.

As pessoas não perdem a esperança por escolha própria. Apenas ficam cansadas e exauridas. A desesperança é fruto das experiências. Felizmente, porém, novas experiências podem ser vivenciadas, trazendo a cura. A esperança é uma possibilidade. Testemunhei isso todos os dias ao longo dos meus trinta anos de carreira. A terapia é movida pela esperança, e você a sentirá em nosso trabalho juntos. Se o sentimento de desesperança estiver aí agora, prometo que *pode melhorar*. Só precisamos de um pouco de tempo e esforço.

4. Sensação de não ser digno de amor

Já reparou quantas músicas de sucesso falam sobre amor, coração partido e perda? "All you need is love", "Can't help falling in love", "I will always love you", "Can't buy me love".

O amor nos arrebata. Vende produtos. Torna o mundo um lugar melhor, segundo nos dizem. Seja qual for sua definição de amor, é certo que a maioria de nós o almeja. Amar significa sentir-se conectado, visto, ouvido e compreendido por outro ser humano. Ansiamos por uma sensação de pertencimento, de saber que não estamos sozinhos. Na ausência de um amor, pode ser que comecemos a nos questionar: "Será que sou digno de ser amado?".

E nem precisamos estar solteiros para nos preocupar com isso. Algumas pessoas se questionam mesmo quando estão em uma relação amorosa, às vezes em razão de relacionamentos ou experiências do passado. Muitos anos atrás, ouvi um padre jesuíta dizer uma frase de peso: "Se você me conhecesse a fundo, ainda me amaria?". Isso significa que muitos de nós acreditamos que nossas imperfeições nos tornam menos dignos de ser amados. Eu, por outro lado, acredito que somos mais dignos de amor por conta de nossas vulnerabilidades.

Se uma pessoa *nunca* ouviu que é amada, então é fácil acreditar que não é digna de amor. Mas isso não é verdade. Nem todo mundo sabe expressar o amor que sente. Eu vim de uma família amorosa, mas a palavra em si não era usada com muita frequência. Talvez isso também tenha acontecido com você.

Eu gostaria que você considerasse uma outra possibilidade. Existem pessoas na sua vida que talvez não tenham lhe destinado amor como deveriam, porém isso não significa que você não era digno dele; talvez elas apenas não soubessem como expressá-lo. Por exemplo, muitos pais e mães não sabem demonstrar amor. Realmente não sabem. Mas devemos levar em conta que essas pessoas também podem não tê-lo recebido. O amor não expresso ou a incapacidade de expressar amor pode atravessar gerações. Uma frase a que recorro com frequência para explicar essa situação é a seguinte: "Todo mundo errou, mas ninguém tem culpa".

Seja qual for sua experiência, saber que é uma pessoa digna de amor é fundamental para levar uma vida plena e feliz. Ignorar isso seria uma farsa. Juntos, vamos enfrentar sua convicção de que não merece ser amado (caso acredite mesmo nisso), porque seja você quem for, seja qual for sua história e quais erros tenha cometido no caminho, saiba que você é uma pessoa digna de amor. Todos nós somos. Já nascemos assim.

SUA VEZ DE COLOCAR A MÃO NA MASSA

Ouvi seu suspiro daqui, mas garanto que vai valer a pena.

Vamos dividir o trabalho em porções menores, explorando como você pensa, se sente e se comporta em relação às quatro áreas que acabamos de abordar. Talvez você nem precise explorar as quatro; pode ser que uma delas lhe pareça mais pertinente. Por exemplo, se a questão de segurança e proteção não é um grande problema, não tem por que insistir no assunto. Você é quem está no comando aqui, então a decisão é inteiramente sua.

Eu deveria começar dizendo que a terapia não é um mar de rosas. Você nem sempre receberá sombra e água fresca. Em certos momentos, você pode não gostar do que tenho a dizer. Talvez sinta vontade de arremessar o livro na parede ou me xingar com palavras adoráveis. Não se preocupe, já ouvi de tudo. Tenho certeza de que foi um terapeuta que inventou o chavão: "Sem sacrifícios, sem resultados".

Mas, pelo lado bom, a terapia é uma experiência transformadora, e garanto que você não vai se arrepender. Já disse isso antes, mas vale repetir: muita gente pode ficar decepcionada por não se sentir "bem" o tempo todo durante o processo terapêutico. Mas é assim que deve ser! A evolução demanda esforço.

Com frequência, os momentos incômodos podem ser os mais poderosos. Às vezes pode ser difícil se conectar com algo verdadeiro. Você pode ficar reticente, sentir raiva, tristeza, frustração ou querer se esquivar dos sentimentos que começam a irromper. Mas recomendo fortemente que se agarre a essas emoções pelo tempo que puder. Elas estão lá por um motivo e servem a um propósito — tente manter isso em mente quando a autoterapia parecer desafiadora. É uma experiência poderosa.

EXERCÍCIO 1

COMO IDENTIFICAR SEUS PROBLEMAS

Depois que tiver decidido a quais das quatro categorias direcionar sua atenção, reserve um tempinho e vá para um lugar tranquilo e livre de interrupções para se concentrar em *uma categoria de cada vez*. Se possível, tente reservar trinta minutos para cada uma. Sugiro que você empregue as perguntas a seguir, anotando tudo conforme avança. Por exemplo, se estiver abordando a **falta de esperança**, mantenha esse tema em mente ao se fazer as perguntas.

Você pode acabar descobrindo que algumas das perguntas abrangem áreas semelhantes e, por isso, geram respostas muito parecidas. É normal.

Aqui está um resumo das quatro áreas e exemplos cotidianos que podem estar relacionados a elas:

- **Falta de autoestima**: confiança baixa, dúvidas, medo de se arriscar, autocríticas, não se sentir merecedor, não se sentir bom o bastante.

- **Sensação de não estar seguro e protegido:** ansiedade, ataques de pânico, fobias, esquiva de situações novas, aversão a mudanças na rotina, hipervigilância.
- **Falta de esperança:** depressão, falta de motivação, falta de interesse na vida, esquiva de situações e pessoas, falta de autocuidado, comportamentos destrutivos.
- **Sensação de não ser digno de amor:** dificuldades de se relacionar, não se dar o devido valor, aceitar mau comportamento alheio, avaliar-se negativamente, não colocar suas necessidades em primeiro lugar, referir-se a si mesmo de forma negativa.

Não se esqueça de que esta etapa tem como foco *identificar e entender* seus possíveis problemas. Aconteça o que acontecer, tente encarar suas reações com curiosidade.

REFLEXÕES PARA CADA UMA DAS CATEGORIAS:

1. Tenho formas particularmente negativas, críticas, temerosas ou catastróficas de pensar sobre mim, os outros e a vida? Por acaso duvido de mim e dos outros? Ou vejo com cinismo as intenções de outras pessoas?

Anote tudo o que lhe vier à mente, bem como quaisquer outras formas de pensar indesejadas ou inúteis não listadas e as situações que desencadearam esses sentimentos. Quando você sente isso? Com que frequência? São engatilhadas por alguma ocasião em particular? Pode ser que refletir sobre esses assuntos traga uma emoção inesperada ou leve a pensamentos sobre outras coisas. Lembre-se de que nesta etapa o foco é identificar o que acontece, não buscar soluções. Se algum exemplo específico vier à tona, trate de anotar. Por exemplo, pode ser que você perceba que tem a tendência de se esquivar ou recusar elogios. Talvez tenha se lembrado de quando preparou um jantar de aniversário para seu parceiro, mas acabou minimizando os elogios ao dizer que "nem deu trabalho", embora tenha passado horas cozinhando. A mente vai se encher de exemplos. Em suma, você está trazendo à tona o papel que seus padrões desempenham no seu cotidiano.

HORA DE ANALISAR OS SENTIMENTOS:

2. Vivo me sentindo amedrontado, vulnerável, inseguro ou solitário no meu dia a dia? Por acaso sempre me sinto triste, incompreendido, vazio ou isolado? Será que a sensação de abandono é a regra para mim?

Anote tudo o que lhe vier à mente, bem como quaisquer outras formas de pensar indesejadas ou inúteis não listadas e as situações que desencadearam esses sentimentos. Reflita sobre quaisquer acontecimentos específicos do seu cotidiano que exemplifiquem essa questão. Faça a seguinte pergunta: por acaso algum sentimento aparece com mais frequência que os outros? O que você faz com esses sentimentos quando eles aparecem? Por exemplo, você tenta dissipá-los? Reprimi-los?

HORA DE ANALISAR OS COMPORTAMENTOS. É AQUI QUE AS COISAS FICAM INTERESSANTES:

3. Será que tenho comportamentos destrutivos às vezes? Como exagerar na bebida, usar drogas recreativas, ficar na defensiva, berrar ou agir de forma agressiva, dedicar um bocado de tempo a culpar os outros, praticar bullying ou mentir?

Anote tudo o que lhe vier à mente, bem como quaisquer outros comportamentos indesejados ou inúteis não listados que tenha percebido em si mesmo.

Agora que você já refletiu e identificou os pensamentos, sentimentos e comportamentos relacionados às quatro categorias de problemas, quero que se apegue ao seguinte pensamento e não o largue durante a leitura do livro e além.

> *Todo mundo, incluindo você, já nasceu sendo bom o bastante. Qualquer pensamento em contrário é uma inverdade que lhe foi incutida por outras pessoas ou circunstâncias.*

Vamos trabalhar juntos para ajudá-lo a desaprender tudo o que for disfuncional ou nocivo. E, para tanto, preciso que entenda *como suas experiências ao longo da vida influenciaram a pessoa que você é hoje em dia.*

COMO SUA HISTÓRIA PODE
EXPLICAR SEUS PROBLEMAS?

Quase sempre há mais de uma causa por trás de nossos principais problemas. Vale lembrar que, durante a infância, nosso cérebro é como uma esponja que absorve tudo o que ouvimos e vivenciamos. As crianças não sabem usar a inteligência emocional da mesma forma que um adulto. Uma criança que vive sendo chamada de "burra", "gorda" ou "feia" pode começar a encarar isso como verdade. Se for comparada a um irmão que dizem ser mais bonito ou mais inteligente que ela, o sentimento de "ter menos valor que os outros" começa a fincar raízes.

Pela minha experiência, grande parte do dano costuma surgir dentro de casa. Não tenho a intenção de culpar pais ou familiares. Quero apenas oferecer a verdade como a vejo. Muitas famílias não têm uma base muito estável e acabam causando estragos mesmo sem querer. Você sabe como a banda toca: "Por que você não é igual ao seu irmão?", "Engole o choro e me deixa em paz" ou "Você é uma pessoa egoísta, preguiçosa e ingrata".

Padrões como comparar, diminuir, ignorar, criticar, julgar ou depositar muitas expectativas em uma criança estão presentes em muito lares, o que pode trazer grandes problemas. Quando isso acontece com frequência, a mensagem negativa (seja ela qual for) ganha forças, o que, por sua vez, influencia as vias neurais e nossas reações emocionais. Vejamos um exemplo.

Os pais dizem ao filho que ele vai ser um grande jogador de futebol quando crescer. O pai quer que o garoto entre na seleção de seu país. Os dois almejam uma carreira de sucesso para o filho, mas ele não é tão bom de bola assim. Sempre que volta para casa depois de uma partida, os pais o criticam por não jogar bem o bastante e lhe dizem para se esforçar mais. Isso acontece depois de quase todos os jogos, e o garoto se sente humilhado, pensando que é uma "decepção". A partir disso, ele começa a acreditar que *tem menos valor* que os outros, que *não é bom o bastante*. Uma nova via neural se abre em seu cérebro, condicionando-o a acreditar que, a menos que vire um craque, nunca será bom o bastante. Seu valor está comprometido. A autoestima baixa está estabelecida.

Essas influências negativas também podem ser encontradas fora do círculo familiar, dentro de diferentes culturas, religiões, escolas, estereótipos de gênero e, é claro, todas as formas de mídia (especialmente as sociais). Estamos cercados de pessoas que vivem nos dizendo quem, como e o que devemos ser! Como homem gay, estou mais do que familiarizado com o impacto negativo que essas influências podem causar, e sei como é importante mudar a história.

Vou ser honesto sobre como minha autoestima também foi afetada por influências negativas. O sofrimento foi inevitável para um adolescente gay que cresceu em uma região proletária de Belfast, onde circulavam ideias definidas sobre como os homens deveriam se portar. Eu nem sempre me encaixava, e minha versão de masculinidade não correspondia ao que os outros esperavam. Não sabia nada de futebol, por exemplo, então muitas vezes caía no ostracismo. Uma pergunta começou a ganhar forma na minha mente: "Será que não sou bom o bastante?". A cultura e o ambiente afetaram minha autoestima.

Cresci católico e, quando criança, ouvi centenas de sermões que diziam que *pessoas como eu* iriam para o inferno. Quando fiquei mais velho e me tornei mais consciente da minha sexualidade, recordei aqueles sermões e passei a me perguntar se era menos digno que os outros. Mais tarde, comecei a me questionar: "Será que sou uma pessoa ruim?". A religião afetou minha percepção sobre meu valor.

Frequentei uma escola que incentivava os alunos a se destacarem nos esportes e valorizava mais a excelência esportiva do que quaisquer outros talentos e habilidades. A questão é que eu gostava muito mais de música do que de esportes. E lá estavam mais mensagens reforçando a ideia de que eu não me encaixava e não era bom o bastante.

Acho que já deu para entender. Várias influências contribuíram para que eu começasse a duvidar de mim mesmo e, com o tempo, isso se tornou o padrão. Minha salvação foi encontrar uma terapeuta e entender de onde vinha aquela dúvida. As circunstâncias endossavam a mentira de que havia algo inerentemente errado comigo. Mas, na verdade, não havia. E perceber isso mudou tudo para mim.

Espero que sua terapia comigo lhe traga uma revelação semelhante.

COMO RELACIONAR SUA HISTÓRIA AOS SEUS PROBLEMAS ATUAIS?

Até esse ponto, você identificou seus principais problemas e contou sua história na íntegra.

Agora vamos juntar as duas coisas (como o quebra-cabeça que mencionei anteriormente). É importante se perguntar:

Quais partes da história podem me ajudar a entender por que às vezes me sinto *sem autoestima, segurança ou proteção, e por que às vezes me falta a esperança e a noção de que sou digno de amor?*

Assim como antes, se emoções ou reações vierem à tona enquanto você reflete ou responde a essas perguntas, apenas anote e deixe fluir. O ideal é sentir curiosidade a respeito de qualquer resposta emocional que vier à tona, mas sem se distrair.

EXERCÍCIO 2

COMO RELACIONAR SUA HISTÓRIA AOS PROBLEMAS DO COTIDIANO

Antes de tudo, eu o convido a reler sua história para ver se algo chama a atenção ou ajuda a relacioná-la aos problemas enfrentados hoje, conectando-os às quatro áreas que já exploramos. Por exemplo, Jason, um dos meus pacientes, percebeu que havia um tema recorrente nas mensagens sutis que recebeu da família ao longo da vida: para evitar decepções, basta não sentir entusiasmo pela vida. Era quase um lema familiar. Já adulto, ele percebeu que esse era um dos fatores determinantes para seus episódios intermitentes de depressão e desesperança.

Tente encontrar aqueles momentos de epifania, quando você tem um estalo repentino. Quando pensa: "Meus problemas finalmente fazem sentido". Anote todos os pensamentos que lhe ocorrerem.

Aqui estão algumas perguntas reflexivas que podem ajudar.

1. Como minha família e minha vida doméstica podem ter impactado meus principais problemas atuais?
    Exemplo: Será que me valorizavam, respeitavam e ouviam?
2. Como minha comunidade ou ambiente podem ter impactado meus principais problemas atuais?
    Exemplo: Será que eu me encaixava? Será que me incluíam?
3. Como minha igreja ou religião podem ter impactado meus principais problemas atuais?
    Exemplo: Será que esse aspecto da minha vida me fez bem?
4. Como minha experiência na escola ou na faculdade pode ter impactado meus principais problemas atuais?
    Exemplo: Por acaso fui vítima de bullying ou humilhação?
5. Como algum evento importante da minha vida pode ter impactado a forma como me vejo hoje?
    Exemplo: Tive que cuidar de algum membro da família? Estive acima do peso ou tive acne na adolescência? Fui vítima de abuso sexual?
6. Como meus relacionamentos (família, amigos, colegas de trabalho, interesses amorosos) podem ter impactado meus principais problemas atuais?

Exemplo: Por acaso algum desses relacionamentos foi tóxico?

7. Detalhe qualquer outro aspecto importante de sua história que tenha relação com seus principais problemas atuais e com a forma como você se vê.

Aqui está uma breve recapitulação do que fizemos nesta etapa. Terapeutas adoram esse tipo de coisa, então tenha paciência comigo.

Até agora, você já:

- Contou sua história de vida na íntegra, sem filtros nem julgamentos.
- Identificou as principais áreas de seus problemas.
- Relacionou sua história aos seus problemas.
- Compreendeu melhor a raiz de seus problemas.

No próximo capítulo, vamos dar continuidade ao trabalho e explorar o que você deseja mudar no futuro com base no que aprendeu sobre si mesmo.

As pessoas têm a percepção equivocada de que a terapia se resume a falar, porém não é bem assim! Trata-se de um estilo de vida baseado em falar, sentir, responder e saber o que você quer e o que está fazendo. É quase como treinar para uma maratona: não basta se matricular na academia e comprar tênis novos. É preciso fazer mais. Vou fornecer as ferramentas necessárias para que você veja este estilo de vida como algo natural.

O intuito aqui é seguir adiante. Não posso deduzir o que você almeja para o seu futuro, mas posso dizer o seguinte:

salve o que puder de suas experiências e permita que isso faça parte de um futuro melhor. Não podemos cortar caminho para evitar os momentos difíceis, mas os esforços de agora serão mais do que recompensados.

4

Tá, e agora?

Tenho certeza de que você já ouviu a expressão "abrir a caixa de Pandora". De acordo com a mitologia grega, uma vez aberta, essa caixa lançaria todos os males do mundo sobre a humanidade. É algo que costumo ouvir de pessoas reticentes em fazer terapia. "Não quero abrir a caixa de Pandora... Quem sabe o que pode sair de lá?". É compreensível que estejam preocupadas que a prática terapêutica traga à tona lembranças dolorosas há muito enterradas, além de céticas quanto à possibilidade de isso ajudar no processo de cura. Mas é uma preocupação infundada.

Ao explorar sua história, a verdade é a única coisa que você encontrará. E, como um sábio disse certa vez, "A verdade o libertará". Mesmo que você não goste dela ou dos aspectos mais sombrios de sua história, o fato é que isso o conduzirá a uma vida melhor. Ao reunir a coragem necessária para identificar as experiências que moldaram a pessoa que se tornou, você vai ser capaz de tomar as rédeas e descobrir quais são as mudanças necessárias para a sua vida. E é disto que vamos tratar neste capítulo: atrever-se a imaginar um futuro e uma vida melhor.

Antes de tudo, porém, vamos falar sobre o medo de mudança, algo que pode atrapalhar nossa jornada rumo a essas melhorias.

É comum encontrar pacientes que não nutrem a menor desconfiança em relação à terapia. Nesses casos, eles me contam a própria história sem rodeios, a desvendam, mas depois ficam travados. É como se, de uma hora para outra, eles se deparassem com a noção de que o futuro pode ser diferente do que conceberam. E, embora isso possa ser libertador para algumas pessoas, é aterrorizante para outras!

Anos atrás, comecei a atender uma paciente chamada Selena. Ela tinha sido diagnosticada com um grave problema de saúde, mas felizmente o prognóstico era positivo. Ela estava diante de uma encruzilhada da vida e se referiu à própria doença como um "despertar". A terapia fluiu logo de cara. Selena foi sincera, honesta e esforçada, além de estar aberta a sugestões e não se esquivar dos problemas. Mas isso mudou depois de algumas sessões, quando lhe perguntei: "Tá, *e agora*? O que você quer para o seu futuro?". Ela se manteve em silêncio, e o clima pesou no consultório. Fiquei um tanto perplexo. Ela tinha me contado toda a história e chegado ao cerne de alguns problemas, mas não conseguia seguir adiante. Estava claro que tinha ficado incomodada com minha pergunta e decidido, de uma hora para outra, que fazer terapia não era para ela. Selena não queria continuar as sessões, nem naquele dia, nem nunca mais. Tentei contornar o assunto, mas ela bateu o pé.

Quando Selena fez menção de ir embora, abri a porta do consultório para ela. Fui pego de surpresa por sua insistência em sair dali, então, sem saber muito bem o que dizer, adotei um comportamento calmo e silencioso (um dos truques de que os terapeutas lançam mão em momentos desafiadores da sessão). Enquanto Selena cruzava a soleira, decidi manter a porta aberta para arejar o consultório antes do próximo paciente, mas ela começou a fechá-la atrás de si. Tornei a puxar a maçaneta com delicadeza, mostrando minha intenção por meio do gesto, mas ela a puxou de volta. Para quem via de fora, tenho certeza de que parecia um cabo de guerra entre terapeuta e paciente. Durante esse vaivém, adotei uma atitude calma e diplomática e informei Selena de que gostaria de manter a porta aberta. Ela se deteve e respondeu: "Vou pensar no assunto". Selena achou que eu estava me referindo a manter a porta aberta para futuras sessões de terapia com ela!

Sempre me lembro desse episódio como a manifestação perfeita de nossos desejos inconscientes por meio de ações aparentemente não relacionadas (do meu lado) e da forma como Selena as interpretou (do lado dela). Enquanto minha parte consciente dizia que eu estava apenas deixando a porta aberta para arejar o ambiente, a verdade é que queria muito que Selena voltasse à terapia para tratar dos seus anseios em relação ao futuro. E a interpretação acertada de Selena a respeito do meu desejo inconsciente indicou que ela própria tinha um desejo subconsciente de retornar à terapia. Muitas vezes há revelações significativas por trás de ações que parecem não ter o menor significado. Os psicanalistas têm muito a dizer sobre essa questão, mas não vamos enveredar por esse caminho.

Uma semana depois, Selena decidiu voltar para mais uma sessão. Não é incomum que o paciente abandone a terapia em momentos difíceis e retorne depois de refletir um pouco. Abordamos o que estava acontecendo com ela. Selena nunca tinha decidido o que queria para a vida. Ninguém nunca lhe tinha perguntado quais eram suas vontades. Ela sempre tentava agradar a todos. Evitava tomar decisões e deixava isso a cargo dos outros, assim como permitia "se deixar levar" por acontecimentos que não podia controlar. Minha pergunta a forçou a encarar essa dura verdade, bem como a perspectiva de que poderia ter que abrir mão de padrões que lhe pareciam seguros e familiares. Eu estava pedindo a ela que contemplasse uma vida cheia de novas possibilidades. E em vez de empolgação, isso a encheu de pavor. Felizmente, Selena conseguiu perceber que o medo estava impedindo seu avanço. Trabalhamos juntos nessa questão e alcançamos um resultado positivo.

Será que você está vivenciando uma reação semelhante à de Selena quando lhe pergunto: *E agora? O que você quer para o futuro?* Pare por um instante e observe que sensação isso lhe traz.

Talvez consiga identificar algumas destas emoções:

- Vulnerabilidade
- Relutância
- Ceticismo
- Dúvida
- Medo
- Ansiedade
- Instabilidade

- Empolgação
- Esperança
- Curiosidade
- Liberdade
- Alívio

Não existe certo ou errado aqui. Não há recompensas nem prêmios de consolação. Se você teve uma reação negativa à pergunta sobre seu futuro, não tem problema. Essa reação pode ser um indício de que o medo, ou velhas formas de pensar, estão o impedindo de imaginar um futuro positivo. A boa notícia é que é possível fazer algo a respeito.

De forma semelhante, uma reação positiva pode indicar que você está disposto e pronto para encarar as mudanças.

O grande benefício da terapia é que tanto as respostas negativas quanto as positivas podem ser usadas a seu favor. Por mais que esteja se sentindo indeciso, vulnerável ou assustado, você pode transformar essas emoções em algo poderoso. Como já comentei, muitas vezes a terapia pode gerar um certo desconforto, ao menos no início. Mas juntos podemos lidar com todas as emoções que surgirem. Podemos até agradecer a elas pelo apoio (que é uma de suas funções). As emoções nos ajudam a trilhar nossa trajetória de vida. São uma espécie de sentinela interna. Algumas das emoções despertadas durante a autoterapia podem ter sido avassaladoras na infância, mas agora, na idade adulta, você será capaz de enfrentá-las. Às vezes só precisamos lembrar à nossa criança interior (pois todos nós temos uma) que nosso eu adulto está no comando.

VOCÊ ESTÁ FELIZ COM SUA VIDA?

Antes de começar a pensar no seu futuro, é importante analisar quais aspectos da sua vida estão bons e quais não estão lá grandes coisas.

O exercício a seguir servirá de incentivo para recuar um pouco e avaliar se você está contente com diferentes aspectos da sua vida atual. Os resultados vão servir como parâmetro para os desdobramentos futuros.

Quero que você faça uma pausa e reflita sobre seu nível de satisfação em relação a cada aspecto da lista a seguir, depois atribua um valor de 1 a 10 de acordo com a seguinte escala:

8-10: Muito satisfeito
6-7: Razoavelmente satisfeito
5: Poderia ser bem melhor
1-4: Insatisfeito

Se algum aspecto importante estiver fora da lista, fique à vontade para adicioná-lo.

- Conquistas até o momento.
- Trabalho/escola/carreira.
- Finanças.
- Casa (aqui me refiro ao grau de felicidade com sua vida doméstica, nos quesitos práticos e emocionais).
- Local onde você mora.
- Status social.
- Aparência.

- Amizades.
- Vida amorosa.
- Espiritualidade.
- Convívio familiar.
- Diversão e aventura.
- Autoconfiança.
- Valores e princípios.
- Autocuidado (no âmbito físico, emocional e psicológico).
- Saúde física.
- Saúde mental.
- Esperanças para o futuro.
- Equilíbrio entre vida/trabalho (ou vida/estudos).
- Momento de descanso ou relaxamento.
- Fazer a diferença para os outros ou para o mundo.
- Cuidado com a natureza.
- Sentimento geral de satisfação a respeito da vida.

O que achou do exercício? Pode ser muito esclarecedor para alguns. Mas, convenhamos, quase nunca fazemos uma pausa para avaliar nossa vida. Estamos sempre tão ocupados trabalhando, cuidando da família, vendo o Instagram ou assistindo à Netflix que não nos sobra tempo para descobrir o que queremos.

Seja qual nota você tenha atribuído a cada aspecto da sua vida, por favor, não se cobre tanto. Não tem problema, por exemplo, se tiver classificado vários aspectos como quatro ou menos. É melhor estar ciente dessa insatisfação do que ignorá-la, pois isso serve para identificar quais pontos podem precisar de atenção redobrada e quais mais impactam seu sentimento geral de satisfação. Por exemplo, ter ou ganhar muito dinheiro pode não ser importante para você, mas basta sentir que está fazendo a diferença no mundo para se encher de felicidade. Ou talvez perceba que, desde que mantenha uma boa relação com seu parceiro e pratique exercícios todos os dias, ficará contente e será capaz de lidar com quaisquer desafios impostos pela vida — seja uma decepção no trabalho ou uma redução nas finanças, na qualidade do sono ou nas oportunidades de lazer. Da mesma forma, é útil reconhecer os aspectos que lhe trazem satisfação.

Como já é de se imaginar, quase todos os pacientes chegam a mim insatisfeitos com a própria vida. Não apenas isso, como também sempre listam alguns dos motivos (muitos deles externos, como veremos em breve) para a infelicidade. Em geral esses motivos tendem a ser resultado direto da insatisfação em relação a certos aspectos da vida que, segundo acreditam, mais impactam sua felicidade. Portanto, ou eles não perceberam que esses são os aspectos que julgam mais importantes, ou não estão se esforçando para manter a "barrinha de satisfação" cheia até o topo (o que é responsabilidade deles, assim como é sua também).

Aqui estão algumas das causas de insatisfação mais comuns entre meus pacientes. Pode ser que você se identifique com uma ou mais delas:

- Meu marido/esposa/par é um saco.
- A vida é muito estressante.
- Vivo ocupado.
- Tive uma vida terrível.
- Odeio meu trabalho/chefe/colega de trabalho.

- Eu seria mais feliz se tivesse mais dinheiro.
- As crianças me esgotam.
- Eu gostaria de ter feito escolhas melhores.
- É coisa demais para suportar.
- Não consigo superar o que me aconteceu.

Então, percebemos que nossa felicidade depende da compreensão de quais aspectos da nossa vida julgamos mais importantes. E percebemos que *alguns* deles — como onde moramos, as experiências que tivemos com familiares ou amigos, os problemas de saúde que mudam a nossa vida ou a dos outros — fogem do escopo de como nos sentimos e nos comportamos e de nossa identidade atual.

Mas é igualmente importante saber que esses fatores externos não são *inteiramente* responsáveis por como agimos ou nos sentimos.

É claro que nossa percepção de satisfação é muito influenciada por certos acontecimentos e situações, e de forma alguma quero minimizar o impacto que esses fatos tiveram em sua vida, sua saúde mental e seu bem-estar (especialmente se você já passou por um período de luto, traumas e adversidades).

Mas se acreditarmos que as circunstâncias, muitas das quais fogem de nosso controle, são inteiramente responsáveis por quem nos tornamos, podemos nos sentir impotentes ou vitimizados.

Há outra opção: podemos escolher como vamos lidar com as pedras que a vida colocou em nosso caminho. Uma vez que você se dá conta disso, passa a ter o poder de agir. Tudo pode mudar. "Não consigo lidar com isso" se transforma em "Já sobrevivi a momentos piores". "Isso não é justo" se transforma em "Que lição posso tirar disso?". "Minha vida é sem sentido" se transforma em "Minha vida é um mar de possibilidades". "Nunca vou superar isso" se transforma em "Estou quase lá".

Sei que pode ser uma leitura incômoda, mas não deixa de ser verdade — pelo menos para a maioria das pessoas. Muitas vezes nem nos damos conta de que somos parcialmente responsáveis por garantir nossa felicidade e nosso bem-estar psicológico. A vida é inevitável para todos nós, mas como reagimos a ela é a chave de tudo.

Você já deve ter percebido que estou tentando seguir para a etapa *E agora?* do nosso trabalho. Seus níveis de satisfação com a vida vão ser de grande ajuda para determinar quais mudanças você gostaria de implementar para o futuro. Por exemplo, se você atribuiu a nota três ao local onde mora ou ao trabalho, faz sentido buscar maneiras de alterar esses quesitos. Mas é sempre bom relembrar que seu mundo interno não precisa ficar em segundo plano. Dê uma olhada nos níveis de satisfação de saúde mental, autocuidado, esperanças para o futuro, autoconfiança e valores e princípios. Reflita sobre sua forma de pensar e lidar com as emoções. Se o seu mundo interno não for bem administrado, os problemas não vão desaparecer. *Se o mundo interno for negligenciado, o mundo externo não conseguirá preencher o vazio da insatisfação.*

O QUE *VOCÊ* QUER PARA O FUTURO? O QUE *VOCÊ* DESEJA MUDAR?

Agora que você já analisou sua história de vida para entender quem se tornou e fazer um balanço de como se sente em relação à sua situação atual, está na hora de analisar o que vem depois. Vou perguntar mais uma vez: como *você* quer que seja o seu futuro? Mais do mesmo? Melhor? Um recomeço? Extraordinário?

Essa é uma oportunidade e tanto. Você está diante de uma encruzilhada e tem a chance de escolher trilhar um caminho diferente. Pare e pense: você quer se contentar com uma vida monótona ou prefere criar algo excepcional? Essa é uma pergunta que só você pode responder.

Enquanto você reflete sobre o assunto, quero compartilhar uma coisa. Dediquei dez anos da minha carreira à área de cuidados paliativos, na qual vi pessoas de todas as idades morrerem, muitas vezes de forma rápida e inesperada. Tenho certeza de que, se tivessem uma segunda chance, quase todas elas teriam escolhido vivenciar mais momentos extraordinários. Seja qual for sua noção de "extraordinário", faça sua vida valer a pena. E lembre-se: "extraordinário" não significa maior, melhor ou mais grandioso. É algo que pode ser alcançado quando decidimos nos fazer 100% presentes nos momentos triviais.

Dividi a questão em dois componentes essenciais:

1. Mudanças de vida tangíveis e concretas para o futuro.

2. Mudanças internas a serem implementadas (formas de pensar, gerenciamento de emoções e mudança de comportamento). Os capítulos 1 e 2 podem ajudar a identificar quais mudanças trariam mais benefícios nesse quesito.

Assim como nos últimos exercícios, sugiro que tire um tempo para refletir com cuidado sobre a primeira questão. Você pode ter visto essa etapa ser descrita como "objetivos", "planos", "metas" ou "aspirações" em outros livros, e por mais que isso seja ótimo, meu conselho é que almeje coisas voltadas para recuperar a vida, as esperanças, a satisfação e a paz. Vamos mergulhar de cabeça na reflexão interior.

Como terapeuta, percebi que, ao falar sobre desejos futuros, a maioria das pessoas direciona a atenção para fatores externos: dinheiro, trabalho, casa, carro, perda de peso, relacionamentos, entre outros. Eu entendo. Também tenho culpa no cartório. Quem sou eu para julgar? Adoraria ter mais cabelo. E comprar um Porsche. E recuperar a forma física dos meus vinte anos. Às vezes queria até ser parecido com o Tom Hardy. Mas, bem lá no fundo, sei que esses desejos não são meus. São fruto do meu ego, e não há o menor problema nisso. Nosso ego almeja glórias e recompensas, porém se estivermos cientes e cuidarmos do assunto, vai ficar tudo bem. No fim das contas, o desejo egoico não traz satisfação. Sei disso em primeira mão. Vejo isso acontecer com todos os pacientes que atendo. Tenho certeza de que você também passa por coisa parecida. De tanto ver, falar e trabalhar para entender os problemas humanos ao longo desses mais de trinta anos, descobri que os ganhos materiais não satisfazem os anseios interiores por completo. Satisfação e paz são, acima de tudo, um trabalho interno. Não estou dizendo que você não deveria tirar umas férias, comprar um vestido novo ou mudar seus hábitos alimentares. Vá em frente e tome decisões que vão melhorar sua vida. Mas também sugiro que dê ouvidos à vozinha interna que diz: "Isso me faz bem? Isso me traz paz?". A resposta sempre aparece.

Agora cabe a você criar uma lista do que deseja para o futuro, tanto com as mudanças na vida material quanto com as mudanças internas, tendo em mente os aspectos da vida que lhe parecem mais importantes.

Achou esse exercício inspirador? Espero que sim.

Gostaria que completássemos uma última tarefa visando aos seus desejos para o futuro. Antes de começar, porém, quero compartilhar a história de um paciente.

Callum, um dentista recém-formado que atendi recentemente, estava sofrendo de ansiedade e estresse laboral. Era um paciente muito engajado e disposto a mudar. Quando concluiu a lista "O que você quer para o seu futuro?", ele concordou em ler em voz alta para mim em uma das sessões. Foi mais ou menos assim: *Quero ter meu próprio consultório aos 35 anos. Quero dirigir um Range Rover. Quero ter dois filhos.* Enquanto escutava, fiquei impressionado com o tom robótico e monótono de sua voz. Não parecia haver um pingo de paixão em suas palavras. Nem uma gota de energia. Quando lhe disse isso, Callum ficou em silêncio e fitou o chão por um bom tempo antes de responder: "Acabei de me dar conta de que esta lista não é minha. É do meu pai".

Callum tinha seguido os passos do pai, que também era dentista. Passou a vida sentindo a enorme pressão de agradar ao pai e corresponder às suas expectativas. Fazer terapia foi uma escolha muito saudável para Callum. Com isso, conseguiu encontrar a própria voz e descobrir o que *ele* queria para sua vida. Também teve que se esforçar para mudar algumas formas de pensar que não ajudavam em nada, além de afastar comportamentos autodestrutivos e direcionar melhor sua carreira.

Agora, convido você a reler sua lista de desejos para o futuro, desta vez com as seguintes perguntas em mente:

- Estou feliz com isso?
- Esses são *meus* desejos e *minhas* necessidades? (tome cuidado para não tentar agradar aos outros)
- Isso me trará uma sensação de paz, esperança e satisfação?

Faça as devidas mudanças na lista, se necessário.

A IMPORTÂNCIA DO COMPROMETIMENTO E DA PACIÊNCIA

Dois dos principais motivos que levam as pessoas a abandonar a terapia são a falta de comprometimento e de paciência. Nossa geração é fissurada por coisas rápidas e cômodas. Queremos tudo para ontem, incluindo grandes mudanças psicológicas e comportamentais. É difícil despertar o interesse de alguém por coisas que não acontecem do dia para a noite.

A terapia, contudo, *exige* comprometimento e paciência, e vou explicar por que vale a pena investir em ambos.

1. Comprometimento

Quero que você encare o comprometimento diário com a autoterapia como algo que você faz para o seu próprio bem, não como um trabalho oneroso feito a duras penas. Essa é a oportunidade de vestir a camisa de sua própria vida, talvez pela primeira vez. Todo esforço feito aqui é uma demonstração de autorrespeito. As considerações práticas também devem ser levadas em conta, é claro. Você está se esforçando para mudar padrões de pensamentos, reações e emoções que fazem parte da sua vida há muito tempo. Como você está praticamente reprogramando seu cérebro, a consistência se faz necessária, mas o resultado será a incrível habilidade de administrar sua vida de um jeito completamente novo.

Pode ser útil escolher uma palavra-chave para usar sempre que estiver saindo um pouco dos trilhos. A minha é *sabotagem*. Sei que é uma palavra forte, mas foi uma decisão deliberada. Se não me comprometo a cuidar de mim, então estou sabotando meu bem-estar. O termo é muito útil quando preciso de um chacoalhão. Use a palavra de sua escolha, seja qual for, quando precisar de um incentivo. E não se esqueça de escolher algo impactante, que vai ficar gravado na memória. Pode ser um personagem de desenho animado, algo tirado de um filme ou qualquer coisa que seja relevante. O importante é que sirva como um sinal claro de que você está perdendo o comprometimento.

Durante meu período de qualificação, um supervisor muito sábio me disse que fazer terapia sem comprometimento é como usar óleo de soja no lugar de protetor solar. Não tem a menor eficácia e pode até piorar as coisas. E ele tinha razão. Não faz sentido descobrir quem você é e como funciona se não tiver interesse em tomar uma atitude.

Você está se comprometendo com a vida. Com uma vida melhor.

2. Paciência

Sempre acho graça quando alguns pacientes me dizem, depois de algumas sessões, que acham que a terapia não está funcionando. Quando lhes pergunto o que exatamente esperavam, costumam responder que gostariam que tudo (ou seja, sua vida) já estivesse resolvido àquela altura. Quase nenhuma pressão depois de apenas três sessões de terapia. Sempre sorrio quando isso acontece. E sempre tenho uma resposta na ponta da língua: "Você nunca vai conseguir resolver tudo, mesmo que viva até os cem anos de idade". E é verdade mesmo. Não existe um estado final abençoado no qual todos os seus problemas terão desaparecido e você poderá viver feliz para sempre. Isso não existe. A vida, com todos os seus altos e baixos, continuará inevitável. A chave é como você reage a isso. Ter paciência com o processo vai ajudá-lo a lidar melhor com a vida.

Vamos falar um pouco mais sobre o "processo". A terapia muitas vezes é descrita como um processo, e a palavra em si implica paciência. Quando vou a uma galeria de arte, sempre fico impressionado com os detalhes presentes nas obras grandiosas. Penso nas centenas de horas que os artistas dedicaram ao processo. Com certeza tiveram que lidar com erros, noites em claro, rasgos e recomeços, lágrimas, desilusões e, é claro, a velha pergunta: *Será que vai ficar bom o bastante?* Àquela altura, os artistas não têm como saber que, no fim das contas, a obra será mais do que boa o bastante. Nem imaginam que, com o devido tempo, ela se tornará uma obra-prima. É a paciência do artista com o processo que ajuda a pintura a atingir a grandeza. O talento fica em segundo plano.

Quero incentivá-lo, de todo o coração, a ter paciência com o processo. Acho que deixei clara a importância de separar um tempo do seu dia para praticar a terapia. Mas talvez seja necessário ter um pouco mais de perseverança quando se trata de esperar que a mudança interna comece a acontecer. Você pode acabar caindo nas seguintes armadilhas de pensamento:

- **Derrotista:** "Qual é o sentido disso?"
- **Frustrada:** "Não tenho tempo para esse tipo de coisa."
- **Impaciente:** "Por que não estou me sentindo melhor?"
- **Esquiva:** "Isso não é para mim."
- **Defensiva:** "Isso é tudo besteira."
- **Negativa:** "Estou muito bem."
- **Repressiva:** "Farei isso depois."
- **Persecutória:** "Sou um caso perdido."

Assim como a palavra-chave para quando o comprometimento estiver indo pelo ralo, aconselho você a fazer o mesmo quando se perceber impaciente. Caso seja de alguma ajuda, saiba que minha expressão é "oportunidade perdida". Quando perco a paciência, também corro o risco de perder algo incrível.

Estamos todos em constante desenvolvimento. Às vezes, precisamos nos lembrar de não colocar expectativas irreais sobre nossos ombros, pois isso torna tudo mais difícil do que deveria ser. Tanto o comprometimento quanto a paciência são essenciais na prática da terapia.

Por falar em características essenciais, o próximo capítulo nos conduzirá aos outros aspectos imprescindíveis de uma boa prática terapêutica: ferramentas, técnicas e dicas, usadas em conjunto com o autocuidado e o autorrespeito.

5

UM GESTO VALE MAIS QUE MIL PALAVRAS

ATÉ ESTE PONTO, você já deve ter entendido mais sobre sua essência e seu modo de agir. Também deve ter concebido uma ideia dos aspectos psicológicos e emocionais que almeja para o futuro.

Chegou a hora de colocar a mão na massa: as *ações* da terapia. São as ferramentas e técnicas terapêuticas que podem ser usadas durante a autoterapia diária para lidar com as "categorias de problemas" psicológicos identificadas no capítulo 3. Com a ajuda delas, você alcançará o modo de pensar que almeja para o futuro.

As técnicas ensinadas neste trecho serão revisitadas nos capítulos 6, 7 e 8, quando eu lhe apresentar os dez minutos de autoterapia diária.

Muitas vezes a prática terapêutica é chamada de "terapia de conversação", mas acho que essa é uma definição restritiva. Uma boa terapia consiste em muito mais do que apenas conversa. A parte falada serve ao mesmo propósito que o alongamento na academia; se quiser transformações, precisa agir.

Quaisquer que sejam os seus problemas — relacionamentos, vícios, ansiedade, depressão, luto ou qualquer uma das adversidades que nos tornam humanos —, agir é uma parte essencial do processo. Falar é o pontapé inicial, mas agir possibilita a mudança.

Na minha experiência, existem quatro **ações** essenciais e quatro pilares de **comprometimento** que devem fazer parte de toda terapia, seja qual for o problema. As duas coisas andam lado a lado.

AS QUATRO AÇÕES DE TERAPIA SÃO:

1. Reestruturar seu jeito de pensar.
2. Reescrever suas regras e convicções.
3. Adotar comportamentos mais saudáveis.
4. Envolver-se com a vida.

1. REESTRUTURAR SEU JEITO DE PENSAR

Os pensamentos, como bem sabemos, às vezes podem ser problemáticos. Vez ou outra, são difíceis de ignorar. Podem ser negativos, críticos, onerosos, duros, sabotadores, catastróficos, julgadores, inúteis e temerosos. Mas também podem ser úteis, racionais, gentis e benéficos. A dura realidade, porém, é que costumamos ser mais atraídos por pensamentos negativos. Eles são quase magnéticos.

Somos mais propensos a dar ouvidos aos padrões negativos de pensamento.

O problema é que muitas vezes imaginamos não ter o menor controle sobre o que pensamos. Achamos que isso é só um aspecto da vida que somos forçados a tolerar. E, até certo ponto, não deixa de ser verdade. Mas também sabemos, graças aos nossos esforços prévios, que podemos ser programados para pensar de certas maneiras em determinadas situações. E embora isso possa ser um problema, principalmente se tivermos sido programados com padrões negativos de pensamento, também significa que podemos nos programar para pensar positivo em certas situações.

Também temos a tendência a aceitar nossos pensamentos como coisas concretas e verdadeiras. Isso é complicado, já que muitas vezes eles não são nem uma coisa, nem outra. Às vezes, são apenas aleatórios e sem sentido.

Por fim, temos a questão de como nos relacionamos com nossos pensamentos. Por exemplo, se você tem um pensamento que considera "ruim", não significa que seja uma pessoa "ruim". Significa apenas que é humano. Estudos interessantes foram feitos sobre o TOC mostrando como os pensamentos podem ser aleatórios, incaracterísticos e sem nexo. Todos nós temos a capacidade de nutrir pensamentos violentos, sexuais, raivosos ou blasfemos que contrariam nossos valores e crenças. Nenhum deles define quem somos, mas se você começar a acreditar que sim, será tomado pela angústia.

Só para deixar claro: não estou dizendo que todos os pensamentos devem ser ignorados. Às vezes eles seguem um processo racional e desempenham um papel importante no processo psicológico, na tomada de decisões e no ato de se manter em segurança. O segredo é conseguir identificar a diferença entre um pensamento produtivo e adaptativo e um improdutivo e desadaptativo. Talvez esteja se perguntando como fazer isso. É bem simples.

Por mais que sejam familiares, os padrões de pensamentos improdutivos tendem a contribuir para a sensação de angústia e desconforto. Costumam ser espontâneos, rápidos, repetitivos e opressivos. Tente se lembrar da última vez que pensou em coisas difíceis de engolir: "Você é um fracasso", "Isso vai dar errado", "Não fale nada, ou vão rir de você", por exemplo. Esses pensamentos são capazes de alterar seu humor e agravar sua ansiedade. Geram desconforto.

Os pensamentos produtivos, por outro lado, apresentam-se de outra forma. Vamos supor que você tenha que tomar uma decisão ou concluir uma tarefa. Quando começar a avaliar os prós e contras de sua decisão ou as ações a serem tomadas, seus pensamentos parecerão apropriados e necessários. Eles se enquadram no contexto, ao passo que os improdutivos são oriundos de medos e equívocos. Vale mencionar que não é errado nutrir pensamentos ansiosos. Sentir ansiedade pode ser saudável, até certo grau, mas torna-se um problema quando a ameaça é exagerada e não condiz com a realidade da situação.

Agora, vamos voltar para como podemos reprogramar nossos padrões negativos de pensamento. Existe um processo simples de quatro etapas para esse fim:

- Reconhecer um padrão de pensamento improdutivo.
- Avaliar as evidências por trás do pensamento. Existe alguma prova irrefutável de que ele é verdadeiro?

Por exemplo, você pode cogitar se candidatar a um emprego e ir logo pensando: "Nunca vou conseguir". Onde estão as evidências que corroboram essa percepção?

- Substituir o pensamento por uma alternativa mais útil.
- Desapegar do pensamento improdutivo.

Sempre que essa técnica é utilizada para interromper formas improdutivas de pensar, surge o incrível poder de encorajar o cérebro a responder de uma maneira diferente no futuro.

Até agora, você nunca havia questionado a validade do que lhe vinha à mente, então seu cérebro continuou transmitindo esses pensamentos improdutivos por acreditar que eles têm a função de protegê-lo e impedir que faça coisas que julga prejudiciais. Mas assim que esses pensamentos começam a ser desafiados, o cérebro entende que você parou de recorrer a padrões de pensamento familiares e, em vez disso, apresenta alternativas mais racionais e adaptativas. Você está começando a reprogramar sua mente para pensar de um jeito mais flexível. A partir desse ponto, seu cérebro vai começar a responder com pensamentos mais saudáveis. Sempre que empregar essa técnica, saiba que está cada vez mais perto de reprogramar seu cérebro de uma vez por todas. E, com a prática, só vai ficando mais fácil.

Isso não é incrível? Você não precisa ser vítima de seus próprios pensamentos. Eles não definem quem você é. Você pode se ver livre da tirania da sua mente.

2. Reescrever suas regras e convicções

Agora que já contou sua história e a relacionou à sua própria vida, você sabe muito bem que as regras e convicções tácitas têm um enorme poder de influência. São uma espécie de bússola. Quando criança, você aprendeu que, caso se comportasse de uma determinada forma, receberia atenção, aceitação, amor, respeito e outras coisas. Você também aprendeu a se manter em segurança e a diminuir os riscos. Esses aprendizados se tornaram suas regras e convicções. O problema é que essas coisas nunca foram revistas na vida adulta. Talvez já não façam mais sentido para você.

Gosto de comparar as regras e convicções à nossa roupa favorita. Todos temos aquela peça coringa capaz de aumentar nossa confiança, estabilidade e sensação de bem-estar. Quando vou palestrar, sempre faço questão de escolher roupas de que gosto. Se estiver com uma camisa justa demais (um problema recorrente desde que entrei na casa dos quarenta) ou sapatos que ainda não foram laceados, as coisas não saem tão bem quanto poderiam. Fico mais contido, e isso é perceptível.

É quase a mesma coisa com as regras e convicções. Se estiver vivendo de acordo com algo que já não faz mais sentido para você, é inevitável se sentir desconfortável e contido. É como viver em uma camisa de força.

Em geral, regras e convicções são precedidas por termos como "precisa" e "deve". Isso costuma ser acompanhado por outra crença a respeito das consequências. Por exemplo, *nunca devo mentir. Se mentir, algo ruim pode me acontecer* (uma crença comum quando a religião está envolvida). Já falei sobre isso, mas vale repetir: não há nada errado em ter regras e convicções. Quando bem usadas, elas podem trazer uma sensação de equilíbrio e bem-estar. Os problemas só surgem quando você começa a acreditar que elas não lhe permitem ter espaço para flexibilidade ou escolha.

A história de Patrick deixa isso muito evidente. Quando o conheci, já fazia alguns meses que ele tinha terminado a faculdade. Formou-se com honras, mas passou várias semanas deprimido depois que os resultados foram divulgados. Patrick tinha sido um aluno nota dez desde a infância. Foi presidente da associação de estudantes da universidade e estava na expectativa de se formar *summa cum laude*.

Quando o resultado não saiu conforme o esperado, Patrick achou que estava decepcionando não apenas a si mesmo, mas também sua família. Em determinado momento, chegou até a pensar em tirar a própria vida. Quando iniciamos a jornada de recuperação, percebi que Patrick mantinha regras e convicções extremamente rígidas. Eram regidas pela ideia de que *nunca devia* falhar nem desapontar os outros, *nunca devia* dizer não, *precisava* ser sempre o melhor. Era um perfeccionista em todos os âmbitos da vida. O fato de não alcançar as honrarias esperadas foi sua primeira experiência de decepção, e as regras e convicções inflexíveis arraigadas não o ajudaram a lidar bem com isso.

Trabalhamos juntos para tornar as regras e convicções dele mais flexíveis e abertas e, pouco a pouco, a depressão começou a ir embora.

"Preciso ser o melhor" foi substituído por "Posso tentar fazer o melhor possível". "Não devo decepcionar" foi substituído por "Às vezes posso acabar decepcionando os outros, mas não tem problema". "Devo sempre agradar a todo mundo" foi substituído por "Nem sempre dá para agradar a todos".

As regras e convicções de Patrick ganharam mais flexibilidade e, com isso, ele teve uma melhora no humor, encontrou liberdade e abertura e se tornou uma pessoa muito mais feliz e serena.

Esse mesmo processo pode funcionar com você. Tente elaborar uma lista com todas as coisas que você acha que "deve" e "precisa" fazer e depois se pergunte se pode torná-las mais flexíveis.

Como você já deve ter percebido a essa altura, não basta elaborar uma lista. Também precisamos nos esforçar para colocar sua abordagem mais flexível em prática. Da próxima vez que perceber que está agindo com muita rigidez, detenha-se. Reconheça que você tem a opção de alterar suas regras e convicções. Pode optar por agir com mais flexibilidade.

3. Adotar comportamentos mais saudáveis

Quando estamos passando por momentos difíceis, quase todos nós buscamos alguma forma de conforto. Talvez você tenha percebido que aquela dose extra de álcool à noite, as drogas, os gastos, as distrações, o sexo, ou o que quer que funcione como alento, de repente se tornou algo rotineiro. Antes de seguir adiante, quero deixar claro que ninguém vai ser preso por se divertir! Todos precisamos de um pouco de diversão, leveza e distrações. No entanto, se esses comportamentos começarem a trazer consequências negativas ou a atrapalhar sua vida, é melhor reavaliar.

É normal querer entorpecer seus sentimentos, buscar distrações, escapismo ou picos de endorfina quando a vida parece desafiadora demais. Mas saiba que isso não passa de uma solução temporária. Cedo ou tarde você terá que arcar com as consequências — ou seja, encarar seu cotidiano.

Meu intuito é incentivá-lo a refletir e ponderar sobre os comportamentos que podem estar trazendo problemas para sua vida, além de avaliar as formas prejudiciais de buscar conforto.

Na minha experiência como terapeuta, percebi que os comportamentos problemáticos tendem a girar em torno de:

- Álcool.
- Drogas.
- Comida.
- Sexo.
- Gastos excessivos.
- Jogos de azar.
- Relacionamentos tóxicos.
- Conflito e raiva.
- Autossabotagem.
- Autonegligência.
- Esquiva (não fazer as coisas que precisa).
- Recompensas adiadas (postergar as coisas de que gosta).
- Defensividade (sentir a necessidade de se proteger e se defender).
- Raiva (reagir de forma exagerada às situações).
- Críticas excessivas (em relação aos outros e a si mesmo).

- Julgamentos (julgar os outros e a si mesmo com muita severidade).
- Projeção (acreditar erroneamente que os outros sentem o que você sente, mas não reconhecem isso)
- Recolhimento (afastamento social, levando ao isolamento).
- Regressão (dar respostas mais juvenis e infantis).
- Inflexibilidade psicológica (não enxergar o ponto de vista dos outros).
- Derrotismo (desistir facilmente).
- Negação (não reconhecer o que está acontecendo).
- Egocentrismo (ignorar as necessidades dos outros).

Se esses ou quaisquer outros comportamentos estiverem atrapalhando sua vida, sugiro que busque formas de reduzi-los, reavaliá-los ou interrompê-los. Pode ser que você precise de ajuda. Ou talvez precise substituir alguns comportamentos por alternativas mais saudáveis. Repito: não quero ser prescritivo em relação a isso. Acho que sua intuição lhe dirá o que precisa ser feito. É o que acontece com quase todo mundo. Não se esqueça de que, no fim do livro, há uma lista de onde você pode buscar ajuda.

Sei que não é uma tarefa fácil. Já disse algumas vezes que comportamentos, escolhas e ações têm grande importância. A pessoa pode ter todo o discernimento do mundo, mas se não estiver disposta a agir, de nada adianta.

4. Envolver-se com a vida

Tive a sorte de trabalhar ao lado de pessoas formidáveis ao longo de minha carreira. Pessoas que se importam. Que têm empatia e habilidades incríveis. Como terapeutas, todos nós temos supervisores que compartilham dessa mesma profissão. Todo terapeuta busca o conselho de outro terapeuta. É como uma rede de apoio.

Em um dos meus empregos no Serviço Nacional de Saúde, fui supervisionado por um psiquiatra muito inteligente e habilidoso. Era um gênio dos diagnósticos e me ensinou muito sobre transtornos psiquiátricos, a importância da avaliação e o papel da medicação para alguns pacientes. Além disso, era uma pessoa extremamente sincera, algo de que sempre gostei.

Lembro-me de conversar com ele sobre uma paciente, Philomena, que lutava contra um quadro grave de ansiedade e depressão. Eu já tinha empregado todas as técnicas, mas não chegava a lugar nenhum. Tinha me dado por vencido e não sabia muito bem por que caminho seguir (minhas regras e convicções perfeccionistas estavam levando a melhor sobre os pensamentos adaptativos). Meu supervisor olhou para mim e perguntou: "Você já tentou usar a *vida* com essa paciente?". Fiquei um tanto perplexo a princípio, mas ele tratou de acrescentar: "A vida é o antídoto para o sofrimento".

Pedi-lhe que elaborasse, ao que ele respondeu: "Sua paciente está se envolvendo com qualquer âmbito da vida: trabalho, socialização, exercícios, voluntariado, caminhadas, hobbies, jardinagem?". E, bem aí, tive um momento de revelação. Philomena estava desconectada de quase tudo que envolvia sua vida, mas adorava jardinagem. E a ideia de integrar isso ao tratamento não me tinha ocorrido.

Meu supervisor sugeriu que eu maneirasse nas técnicas e incentivasse Philomena a se conectar com a jardinagem. E foi justamente isso que fiz. Em um golpe de sorte, meu trabalho ficava perto de um centro de jardinagem que estava à procura de voluntários! Depois de quatro semanas recheadas de persuasão e paciência, Philomena começou a trabalhar lá. Tudo mudou. Ela parecia mais viva em nossas sessões. Os sintomas melhoraram em questão de semanas. Estava mais motivada. Com brilho nos olhos. A voz entoava uma cadência que não estivera ali antes. Ela tinha encontrado o antídoto para o sofrimento: a jardinagem.

Essa experiência mudou meu modo de agir enquanto terapeuta. Claro que precisamos seguir um processo e adotar técnicas terapêuticas, mas também precisamos incluir a "vida" no plano de tratamento, seja por meio de academia, clube do livro, zumba, pesca, observação de pássaros ou o que for. A cura está presente em todos os aspectos da vida, desde que possamos encontrar uma conexão.

E agora eu lhe pergunto: você é uma pessoa conectada com a vida?

Pense com calma. Não precisa ter pressa. Se estiver passando por um momento difícil agora, não tem problema. Existe alguma parte da vida com a qual você poderia se conectar um pouco mais? Pode parecer difícil, e talvez você tenha que começar devagar, mas tudo bem. Se você gosta de caminhar, saia para andar por cinco minutos hoje. Já é um começo. Se gosta de natureza, saia para admirar uma árvore. É o primeiro passo. Se puder fazer mais que isso, ótimo. Faça o que puder.

Quando você se conecta com algo que julga interessante ou importante, seu corpo libera os hormônios do bem-estar — serotonina, oxitocina e dopamina. E, dessa forma, você começa a se sentir mais conectado com os outros, mais motivado. Os padrões negativos começam a aparecer cada vez menos. O processo de cura tem início.

Eu o desafio a dar um passo adiante e se reconectar com a vida, especialmente se a tem evitado nos últimos tempos. *A vida é o antídoto para o sofrimento* tornou-se uma espécie de mantra para mim. Penso nele com frequência. Quem sabe não pode acontecer o mesmo com você?

As soluções que você procura provavelmente estão bem mais perto do que imagina.

OS QUATRO PILARES DO COMPROMETIMENTO

CHEGOU A HORA DE ANALISAR o que chamo de *quatro pilares do comprometimento*. Está mais para um trabalho interno, uma mudança de perspectiva, se preferir. Por mais que pareçam simples, são surpreendentemente poderosos. Eles têm a função de reestruturar a forma como você se trata. São eles:

1. Tratar-se como alguém importante (porque você *é*).
2. Praticar o autocuidado.
3. Tratar-se com gentileza.
4. Levar uma vida autêntica.

Em média, quase todo mundo receberia uma pontuação muito baixa se fosse avaliado em cada uma dessas áreas.

O meu trabalho me permite conhecer pessoas de todas as esferas sociais, e o único fator comum que vejo entre elas é que *ninguém se trata bem*. A meu ver, este é, sem sombra de dúvida, o cerne do sofrimento humano.

Você é a parte mais consistente da sua vida. É com quem pode contar até o seu último suspiro. Seu jeito de falar, tratar e cuidar de si mesmo são símbolos para a vida. Desde que consiga desfrutar da sua própria companhia, será muito mais fácil e agradável embarcar nessa jornada, apesar de todos os altos e baixos.

Eu fiz um mochilão pelos Estados Unidos quando tinha uns vinte e poucos anos — um baita clichê, sei disso! Na metade da viagem, conheci outro mochileiro e combinamos de passar um mês viajando juntos. Mas não deu nem uma semana e eu já estava esgotado. Ele era um sujeito negativo. Reclamava de tudo. Era crítico e não dava valor a nada. Além disso, tratava quase todo mundo com grosseria.

Tentei ser compreensivo, mas logo percebi que não poderia passar um mês ao lado dele. Depois daquela primeira semana, avisei que pretendia seguir viagem sozinho, e foi exatamente o que fiz. Por mais que a ideia de viajar sozinho me enchesse de apreensão, percebi que podia contar com o meu lado gentil, curioso, aventureiro e quase sempre ávido por diversão. Seria capaz de ficar sozinho.

Na vida, precisamos aprender a ser viajantes solitários, pois às vezes as circunstâncias podem tomar um rumo inesperado e ficamos sós. Precisamos aprender a nos tratar de forma mais positiva. A cuidar melhor de nós mesmos. A nos tratar com mais compaixão. Precisamos ser capazes de dar as caras no mundo, confortáveis em nossa própria pele.

Quando vivemos assim, conseguimos nos ajustar melhor aos imprevistos e às incertezas. É como levar a vida ao lado de um melhor amigo em quem podemos confiar. E esse melhor amigo é você.

1. Tratar-se como alguém importante (porque você *é*)

Todos nós travamos um incessante monólogo interno. Pare por um instante para entreouvi-lo. Costuma ser mais ou menos assim: "Por que ele falou aquilo?", "Será que meu chefe gosta de mim?", "Será que meu parceiro está de saco cheio?", "Preciso emagrecer", "Queria ser melhor para os meus filhos". E assim por diante.

Às vezes nosso monólogo interno pode ser muito destrutivo, prejudicial, crítico e até mesmo cruel.

É comum que os pacientes me contem sobre momentos negativos que vivenciaram — como conflitos, dificuldades, perdas ou desilusões amorosas. Enquanto descrevem o que aconteceu, sempre lhes pergunto: *Do que você está se chamando neste exato momento?*

Quase sempre escuto uma destas respostas:

- Sou tão idiota.
- Sou muito imbecil.
- A culpa foi toda minha.
- Que patético.
- Sou um lixo.
- Sou tão inútil.
- Sou tão ignorante.
- Sou tão [insira uma lista interminável de impropérios].

As pessoas agem como se elas mesmas não tivessem valor. E é assim que nos sentimos quando nos tratamos dessa forma. Nossa resposta emocional está atrelada ao tom e à linguagem que adotamos em nosso monólogo interno.

Caso se identifique com alguma dessas coisas, tenho um conselho: *preste mais atenção ao tom de seu monólogo interno. Assim que perceber que está ficando negativo, trate de silenciá-lo. De forma calma e incisiva, diga para parar. Você merece coisa melhor.* Depois de reconhecer seu próprio valor, você precisa transmitir isso em seu monólogo interno. Mude o tom. Mude o jeito de falar. Trate-se da mesma forma que trataria alguém que você respeita. A transformação será imediata.

2. Praticar o autocuidado

Pode parecer um pouco estranho incluir isso como parte da terapia, mas é um ponto crucial. A maioria das pessoas não vê o autocuidado como uma prioridade. Dou muitas palestras sobre saúde mental em grandes empresas, e sempre começo perguntando quantas das pessoas ali dedicaram uma parte do dia ao autocuidado. Em média, tenho sorte se uma dúzia de pessoas levantar a mão, e isso em um auditório com mais de quinhentas pessoas!

Antes de seguirmos adiante, primeiro vamos definir o que é autocuidado. É o ato de cuidar de si mesmo nos âmbitos físico, psicológico, emocional ou até mesmo espiritual. Não significa necessariamente tomar um banho ou ganhar uma massagem (embora possa significar ambas as coisas ou nenhuma delas, a depender de suas necessidades). Manter uma alimentação saudável, praticar exercícios, descansar, meditar, praticar a atenção plena, encontrar amigos e familiares e demonstrar gratidão também são formas de autocuidado.

Sugiro que você tente ampliar sua percepção de autocuidado e faça uma análise sincera de como o pratica todos os dias. Aqui estão algumas perguntas para reflexão:

- Sua alimentação é compatível com um estilo de vida saudável?
- Sua rotina conta com algum tipo de atividade física (dentro das suas capacidades)?
- Seu dia tem pausas para descanso?
- Você pratica alguma atividade que ajuda a acalmar a mente?
- Você fala sobre as coisas que lhe causam incômodo?
- Qual é a frequência de seus encontros sociais?
- Você sente que há equilíbrio entre sua vida profissional e pessoal?
- Você põe as necessidades dos outros acima das suas?
- Você demonstra gratidão pelas coisas boas do seu dia?

O autocuidado às vezes pode ser mal interpretado ou visto como egoísmo, um luxo utópico em contraste com as demandas da vida moderna. Não concordo com essa visão. O autocuidado é *essencial* para uma rotina saudável. É uma decisão responsável. Além de nos ajudar a aproveitar a vida ao máximo, também dá aos outros a oportunidade de conhecer nossa melhor versão. É uma demonstração poderosa de autovalor e autorrespeito. Uma forma de mostrar que você está assumindo as responsabilidades e tomando as rédeas da própria vida. Já discutimos sobre como o tom do monólogo interno afeta a autopercepção. O autocuidado (ou a falta dele) tem um efeito parecido. É um ato terapêutico. Uma forma de vestir a camisa da vida e decidir que você é uma pessoa digna de cuidados. Sem ele, há um aumento significativo no risco de exaustão, burnout, esgotamento — seja o nome que for. Não há nada fofo ou caprichoso no autocuidado. É uma prática que deve ser levada a sério. Sempre vejo o lado sombrio das pessoas ignorando os sinais de alerta do próprio corpo. Você tem a chance de mudar isso hoje.

3. Tratar-se com gentileza

Anos atrás, percebi que sempre recebia olhares ressabiados quando perguntava aos pacientes sobre autocompaixão. Pareciam pensar: "Mas de que diabos esse homem está falando? Quanto mimimi". Então comecei a formular a pergunta de outro jeito: "Você pega muito pesado consigo mesmo?". A resposta a essa pergunta quase sempre era um categórico "Sim".

Comecei a emendar outra pergunta depois dessa: "Você acha que a vida seria mais fácil se você pegasse mais leve?". E, mais uma vez, vinha um categórico "Sim". E apenas depois disso sugiro abordar o tema da autocompaixão.

A autocompaixão é mais ampla do que o monólogo interno. É um nível bem mais profundo de autocuidado que envolve pensar *e* agir. Tem a ver com autoaceitação e cordialidade, com diminuir a autocrítica e aprender a se consolar em momentos difíceis.

Envolve dizer "Está tudo bem", "A gente consegue" e "Estamos juntos nessa" para si mesmo quando as coisas parecem impossíveis. Tem a ver com se perguntar: "Do que você precisa?". A autocompaixão envolve saber por instinto quando entrar em ação e quando recuar, quando se defender e quando se proteger, como "Vamos parar um pouquinho", "Vamos tirar umas férias", "É melhor se afastar dessas pessoas" ou "Vamos dar uma voltinha para espairecer".

Se, como terapeuta, eu tivesse que escolher apenas uma ferramenta, seria a autocompaixão. Permita-me explicar o motivo. Todos nós cometemos erros, como qualquer ser humano. Às vezes pisamos na bola, falhamos, caímos e nos cansamos. Somos imperfeitos. E nos culpamos por isso.

A autocompaixão é poderosa porque significa aceitar e abraçar nossa imperfeição humana. Como isso costuma ser difícil para a maioria das pessoas, praticar a autocompaixão tende a ir direto à raiz dos problemas. Aprendemos a reconhecer nossos inimigos internos e abordá-los com mais compreensão, leveza e receptividade.

A autocompaixão significa abraçar a vida como ela é e acolher a pessoa que você se tornou. Não é condicionada a sucessos, conquistas ou honrarias. Se você costuma pegar muito pesado no autojulgamento, tente se tratar com mais compaixão. É uma companheira leal e fiel que estará sempre ao seu lado e jamais o deixará na mão.

4. Levar uma vida autêntica

Em uma sociedade obcecada em criar a ilusão de ter tudo perfeito — desde a vida e o corpo até os relacionamentos e os dentes —, proponho um caminho alternativo. Simplesmente assuma quem você é.

Tenho plena convicção de que quando tentamos fingir ser algo que não somos, enfraquecemos nossa posição. As pessoas percebem a farsa logo de cara. Conseguimos sentir quando estamos perto de pessoas que não são sinceras ou genuínas. Se agir de forma autêntica não trouxer os frutos desejados, talvez seja melhor recalcular a rota. Se você diluir, minimizar ou alterar a sua essência, vai comprometer sua integridade e os alicerces que a sustentam.

Certa vez, um amigo me aconselhou a não expor tanto os meus problemas em entrevistas de divulgação dos livros porque "Ninguém quer receber conselhos de um terapeuta cheio de dificuldades". Discordei e optei por não mudar minha abordagem. Um dos motivos de eu ser bom no que faço é conhecer e entender os sofrimentos humanos em primeira mão. Por que eu esconderia isso? Os melhores profissionais da saúde e psicologia são aqueles que já colocaram seus ensinamentos em prática.

Não estou dizendo que você não deve buscar melhorar. O crescimento pessoal pode trazer satisfação e ajudar a ampliar os aspectos de sua personalidade e identidade que fazem de você uma pessoa especial e única. Só peço que não caia na armadilha de achar que precisa mudar sua essência. Não precisa.

Assuma seu verdadeiro eu. Ele jamais o deixará na mão.

PARTE II

6

HORA DE *SE PREPARAR* PARA O DIA

VOCÊ JÁ TEVE UM DAQUELES dias em que saiu correndo de casa, em cima da hora para um compromisso, com a aparência de quem foi atropelado por um caminhão, com o suéter do avesso e uma vaga esperança de ter se lembrado de colocar as chaves, o celular e a carteira no bolso? Além dos cabelos bagunçados como se tivesse enfrentado um furacão, você também percebe que sua mente está a mil por hora. Tudo parece frenético, caótico e desequilibrado. Você não se preparou para enfrentar o dia e, como consequência, todas as horas seguintes vão ladeira abaixo. Todos nós já passamos por isso.

Da próxima vez que estiver no metrô ou no ônibus de manhã, ou então no meio do engarrafamento, observe como todos ao redor parecem esgotados. Mas não precisa ser assim.

Agora que você completou a primeira etapa do trabalho, vamos incorporar os aprendizados ao seu cotidiano.

Um dos equívocos mais comuns a respeito da terapia é que não passa de um bate-papo semanal e pronto, acabou, fim de história. Mas a terapia é um estilo de vida, e não poderia ser diferente, já que somos obrigados a enfrentar novos desafios a todo instante. Uma vez que você tiver dominado a habilidade de contornar os altos e baixos da vida, sentirá uma verdadeira sensação de poder.

Seus dez minutos de autoterapia diária são uma mistura de técnicas proativas e reativas que vão ajudá-lo a restaurar o equilíbrio.

O foco deste capítulo são os primeiros *quatro minutos de prática diária*, responsáveis por **preparar** você para enfrentar o dia.

Tenho que admitir que nem sempre funcionei bem de manhã. Perdia muito tempo à toa, sem fazer nada de útil. A terapia me mostrou como mudar isso. A forma como começamos o nosso dia influencia muito como vamos passar o restante dele. Alguns estudos a respeito de mindfulness apontam nessa mesma direção.

Imagino que muitos de vocês estejam pensando na montanha de coisas que precisam fazer toda manhã: acordar as crianças, levá-las para a escola, passear com o cachorro, preparar a marmita, ir para o trabalho, e assim por diante. E agora eu apareço para acrescentar mais uma tarefa a essa lista! Eu sei, eu sei. Mas juro que esses quatro minutos vão mudar todos os aspectos do seu dia. Se você consegue separar uns minutinhos para escovar os dentes e tomar banho, sugiro que arranje um tempinho para cuidar da mente. Talvez até tenha que abrir mão de outra coisa que não seja prioridade.

COMO FUNCIONA?

A rotina matinal varia de pessoa para pessoa, então não vou estipular um momento exato para começar. Só peço que encaixe esses quatro minutos seguidos nas primeiras horas do seu dia. Quanto mais cedo, melhor. Só tenho uma condição: você precisa encontrar um lugar tranquilo e reservado. Se tiver que se trancar no banheiro, que seja. Se houver muito barulho, use fones de ouvido ou protetores auriculares. Em suma, sugiro que dê um jeito de pôr isso em prática o quanto antes. Tome cuidado com qualquer pensamento que tente lhe dizer que é impossível, que você não consegue fazer isso ou que não tem tempo. Faça a gentileza de silenciar essa voz assim que a ouvir.

Durante esses quatro minutos de autoterapia, vamos abordar quatro áreas de foco. Nas próximas páginas, vou lhe explicar todo o panorama, o contexto e os motivos por trás da prática diária de autoterapia, bem como as instruções para realizá-la, então talvez pareça muita coisa para assimilar à primeira vista. Mas não precisa se preocupar. Apenas uma parte diz respeito ao que você colocará em prática na autoterapia diária.

Também não se atormente se exceder o tempo no começo. O processo vai ficar mais fácil à medida que você se familiarizar com ele. Encare-o como autoanálises diárias essenciais.

Quero reiterar que, embora a autoterapia ensinada neste livro não substitua a prática terapêutica convencional, separar esses quatro minutos para começar bem o dia é muito melhor do que não fazer nada. A maioria das pessoas não dedica um minuto sequer ao autocuidado terapêutico. Você está um passo à frente.

As quatro áreas de foco são:

PRIMEIRO MINUTO | Ajuste emocional:
Como estou hoje?

SEGUNDO MINUTO | Estratégia de autocuidado inspirada em terapias focadas na compaixão:
Do que eu preciso hoje?

TERCEIRO MINUTO | Ferramenta usada na terapia integrativa:
Gratidão e intenção

QUARTO MINUTO | Técnica usada na prática de mindfulness e terapia EMDR (explicada na página 141):
Aterramento

PRIMEIRO MINUTO: COMO ESTOU HOJE?

Nessa etapa, é necessário descobrir como você está física, emocional e psicologicamente. Para tanto, deve explorar cada uma destas perguntas:

- *Como está meu emocional hoje?* Quais emoções estão presentes e dominantes? O intuito é reconhecer suas emoções e deixar-se guiar por elas de forma benéfica.

- *Como está meu corpo hoje?* Observe se há algum ponto de tensão, desconforto ou dor.
- *Como está minha mente hoje?* Observe o volume, a velocidade e o teor dos seus pensamentos.

Mostrarei como realizar cada uma dessas avaliações daqui a pouco, mas antes precisamos recordar por que é importante conferir como estamos todos os dias. É simples: sem isso, não vamos saber do que precisamos. E, sem isso, não nos daremos o devido cuidado. Isso constitui uma forma de autonegligência, que leva ao sofrimento desnecessário.

Se você é fã da série *Friends*, deve estar familiarizado com a infame cantada de Joey, *"How you doin'?"*, ou seja, "Como vai?". Sempre acho graça. E vez ou outra a frase me vem à cabeça quando pergunto a um paciente como ele está. É claro que evito usar o tom sedutor característico de Joey (os pacientes ficariam muito sem graça!), mas também evito perguntar "Como você está se sentindo?", pois me soa clichê. Além disso, às vezes pode ser difícil identificar e nomear os sentimentos no início da terapia, ou talvez o paciente não esteja pronto para a vulnerabilidade que surge ao tentar se jogar de cabeça e averiguar os próprios sentimentos. Uma pergunta mais pragmática e aberta tende a render respostas mais produtivas. Por isso, sugiro que você comece se perguntando "Como estou?" em vez de "Como estou me sentindo?".

A verdade é que quase ninguém reserva um tempinho para ver como está. A maioria das pessoas simplesmente acorda, levanta da cama e passa o resto do dia no piloto automático. Permita-me reformular. Se nos enxergamos como um corpo cujo cérebro é o motor principal, por que não fazemos manutenções diárias? Tenho certeza de que a maioria de nós nem sequer pisaria em uma aeronave cujos motores não fossem verificados antes da decolagem. Então por que não fazemos isso antes de começar o dia? É a escolha mais óbvia!

COMO ESTÁ MEU EMOCIONAL HOJE?

Supondo que você já esteja em um lugar tranquilo e livre de distrações, sugiro que primeiro se acomode, com os pés afastados e apoiados firmemente no chão. Feche os olhos e pouse a mão no peito ou na barriga. Colocar as mãos nas partes do corpo associadas ao emocional pode trazer mais conscientização a respeito de suas respostas emocionais.

Em seguida, pergunte-se gentilmente: "Como está meu emocional hoje? O que está acontecendo?".

Se estiverem presentes, emoções como tristeza ou raiva virão à tona, assim como as formas de expressá-las. Fazer a pergunta com curiosidade, franqueza e compaixão permite que a emoção se revele.

Lembre-se de que, nesta etapa, o intuito não é se livrar da emoção ou tomar alguma atitude em relação a ela. Basta reconhecer que está lá, pois assim é possível planejar sua rotina de cuidados para o dia.

No segundo minuto de autoterapia, vamos analisar as ações que você gostaria de incorporar ao seu dia para ajudar a mitigar possíveis emoções negativas. Por exemplo, se perceber que a tristeza está presente, talvez seja interessante praticar o autocuidado, ajustar a rotina e conversar com uma pessoa próxima. Essa é uma forma de encarar suas emoções e lhes dizer: *Estou ouvindo. Estou vendo. Podem contar comigo.* Por ora, porém, basta tentar aplacar os ânimos.

COMO ESTÁ MEU CORPO?

Há uma expressão que diz que *o corpo sente*. Isso significa que, quando passamos por mágoas, perdas, traumas ou dificuldades, o corpo costuma reter a dor dessas experiências. Nosso corpo se lembra delas. Às vezes, um acontecimento qualquer pode desencadear essas memórias fisiológicas, e elas se manifestam como dor e tensão corporal. Assim como as emoções, a dor pode servir como um termômetro de nosso estado, mesmo que ainda não tenhamos reconhecido a intensidade de nosso sofrimento.

Pense em quando as pessoas dizem "Estou com um nó na garganta" ou "Meu coração vai sair pela boca" ou "Parece que minha cabeça vai explodir" sem que pareça haver uma explicação lógica por trás dessas sensações. Elas não estão cientes de nenhum incômodo, não estão esbaforidas depois de correr, não estão com medo. Nesses casos, é possível que uma memória negativa tenha sido ativada e seja sentida no corpo, não na mente. É um lembrete de que não podemos ver essas duas coisas como entidades separadas. Os estudos são claros quanto a isso. O corpo e a mente estão intrinsecamente conectados.

A dor dessa memória precisa ser reconhecida e, por fim, extravasada.

Sou habilitado em um modelo de terapia chamado EMDR (dessensibilização e reprocessamento por meio do movimento ocular). Se adoto essa estratégia para tratar um paciente com trauma grave, ele pode ter dificuldade para acessar suas memórias traumáticas. Às vezes, quando isso acontece, as pessoas podem acessar as memórias por meio de sensações físicas.

Certa vez, atendi uma jovem que fora torturada em seu país de origem por conta de sua orientação sexual (a prática sexual entre pessoas do mesmo sexo é ilegal em 69 países). Ela apresentava todos os sintomas de transtorno de estresse pós-traumático grave, mas tinha dificuldade em recordar sua experiência em detalhes. Em determinado momento da sessão, ela começou a chorar e a cobrir os braços. Dava para ver que estava sofrendo. Passado um tempo, começou a se acalmar e encerramos a sessão.

A paciente pareceu um tanto confusa quando lhe perguntei o motivo de cobrir os braços enquanto chorava. Ela nem se lembrava de ter feito isso. Logo em seguida, ela arregaçou as mangas do casaco e revelou várias queimaduras de cigarro. A mente não conseguia se lembrar do ocorrido, mas o corpo, sim. E todo aquele sofrimento se expressava na dor que ela sentia nos braços, como se revivesse a dor que sentira durante a tortura. O trauma se manifestou fisicamente.

É claro que este é um exemplo extremo, mas serve para ilustrar como o corpo pode reter as emoções negativas ou seus problemas cotidianos se você não lidar com eles. Isso vai gerar um desconforto e, posteriormente, levar a problemas de saúde. Os estudos mostram que muitos (mas não todos) problemas de saúde física apresentam algum componente psicológico. Isso não significa que os sintomas fisiológicos sejam falsos; eles são muito concretos. Mas é sempre importante recordar que as dificuldades psicológicas — como estresse, perdas, dor emocional e trauma — são parcialmente responsáveis por causar problemas de saúde em pessoas predispostas ou por agravar sintomas já existentes.

Isso nos leva à sua autoavaliação corporal diária. Faça ao corpo a mesma pergunta que fez à mente, ainda sentado e com os olhos fechados. *Como está meu corpo hoje?*

Permita que sua mente examine seu corpo da cabeça aos pés, e preste atenção ao que encontra em cada parte. Há algum ponto de tensão? Está doendo? Talvez você descubra uma pontada ou um formigamento inesperado. E, seja lá o que descobrir, não tem problema, pois é melhor saber do que não saber.

Mais uma vez, sugiro que adote uma atitude aberta, curiosa e compassiva. Se descobrir um problema no seu corpo, você estará ciente sobre como deverá tratá-lo pelo resto do dia.

Por ora, porém, basta prestar atenção ao seu corpo: *Estou ouvindo. Estou vendo. Pode contar comigo.* As ações terapêuticas ao longo do dia vão ajudá-lo a extravasar a dor e a entender os sinais do corpo. Mas veremos isso mais adiante.

COMO ESTÁ MINHA MENTE?

Por fim, é importante fazer uma pequena avaliação de sua atividade mental. *Como está minha mente hoje?*

Está muito ativa? Com pensamentos a mil por hora? Tem algum roteiro negativo passando pela sua cabeça hoje? Lembre-se de não dar trela para os pensamentos a essa altura. O intuito é apenas fazer uma varredura nos recônditos de sua mente, nada mais. Como sempre, tente adotar uma atitude aberta, curiosa e compassiva. Diga a ela: *Estou ouvindo. Estou vendo. Pode contar comigo.* Você vai ficar de queixo caído com as descobertas.

Quando estou com a mente atribulada, faço uma avaliação mais simples e tento me lembrar de que é apenas um dia nebuloso. Sei que posso tomar atitudes que ajudem a acalmar a tempestade ao longo do dia, e isso traz um grande alívio.

Pronto. Você completou o primeiro de seus dez minutos de terapia diária. Além de um panorama amplo de seu estado emocional, físico e psicológico no dia, é provável que descubra muitas informações novas a seu respeito — coisas que talvez tenham passado despercebidas até agora. Não é incrível o que um mísero minuto pode fazer? Compare isso com as respostas automáticas que damos às pessoas que perguntam como estamos — quase sempre uma variação de:

- *Bem.*
- *Tudo certo.*
- *Nada mal.*
- (Ou, se você for irlandês, *Poderia estar pior*).

Essas respostas não revelam nada sobre como estamos!

Agora está na hora de analisar o segundo minuto, que consiste em responder ao que você descobriu durante a primeira etapa.

SEGUNDO MINUTO: DO QUE EU PRECISO HOJE?

Como já mencionei, as pessoas podem ficar um pouco apreensivas quando o assunto é autocuidado e autocompaixão. Vejo isso acontecer com frequência com meus pacientes. Parecem um pouco desconfiados e inseguros quando uma dessas duas coisas é mencionada, como se eu tivesse sugerido algo estranho e extravagante. Mas o autocuidado e a autocompaixão não passam de uma roupagem moderna da noção de "cuidar de si mesmo", algo que centenas de culturas e comunidades mais esclarecidas vêm fazendo com êxito há milhares de anos.

Mais especificamente, vejo o autocuidado como a ação *prática* de cuidar de si mesmo e a autocompaixão como a *atitude* que vem a reboque. Embora um possa acontecer sem o outro (posso cuidar de mim na prática, mas ainda me tratar de um jeito horrível na mente), isso deve ser evitado. Cuidado e compaixão precisam andar lado a lado. Chamo isso de *abordagem compassiva e cuidadosa*: o ato de cuidar de si mesmo com compaixão.

Fico perplexo com nossa relutância em nos tratar com compaixão e gentileza. Nas culturas ocidentais, a pessoa que se trata bem muitas vezes é tida como egoísta, egocêntrica, fraca ou injusta com os demais. Vamos pôr em pratos limpos: isso é o mais puro engano. Tratar com gentileza e compaixão tanto o corpo quanto a mente melhora o seu bem-estar e o de todos à sua volta. Pesquisas científicas sobre mindfulness, neurociência e terapias focadas na compaixão indicam que o autocuidado e a autocompaixão são essenciais para o bom funcionamento do corpo humano. Não são coisas supérfluas.

Com base nas descobertas feitas no seu primeiro minuto de autoterapia, eu o convido a se perguntar, no segundo minuto, do que pode precisar hoje e como pode adotar uma abordagem *compassiva e cuidadosa* em relação a seu corpo, sua mente e suas emoções.

DO QUE MEU EMOCIONAL PRECISA HOJE?

A melhor forma de encontrar uma resposta para suas necessidades emocionais é se perguntar o que você faria para ajudar uma criança angustiada. Ao ver uma criança chorosa, triste, assustada ou vulnerável, a maioria das pessoas tenta confortá-la e acalmá-la. É uma reação quase instintiva. E é essa estratégia que devemos adotar para lidar com nossas próprias emoções (especialmente as mais difíceis).

Apenas tente perguntar às emoções que você descobriu na última etapa: *Do que você precisa?* Pare um instante e escute o que dizem. Talvez a resposta venha por meio de uma imagem, uma palavra, uma lembrança, um som ou até mesmo uma música. Muitos pacientes dizem ter percebido coisas valiosas durante esse processo. Aqui estão alguns exemplos de possíveis necessidades:

- **Tristeza:** Preciso descansar. Preciso extravasar. Preciso me fazer ouvir. Preciso parar.
- **Raiva:** Preciso que isso mude. Preciso que me compreendam. Preciso me expressar.

- **Medo:** Preciso me sentir em segurança. Preciso saber que não estou só. Preciso saber que está tudo bem.
- **Solidão:** Preciso de companhia. Preciso que me compreendam. Preciso conhecer gente nova. Preciso que alguém me escute.

Quando você tiver uma noção das necessidades reveladas por suas emoções, é chegado o momento de decidir quais atitudes *compassivas e cuidadosas* podem ajudar a cuidar do seu lado emocional nesse dia.

QUE MEDIDAS PRÁTICAS POSSO ADOTAR HOJE PARA AJUDAR MEU EMOCIONAL?

Pense no que poderia ajudá-lo a encontrar uma sensação de relaxamento e conforto. Aqui estão algumas ideias de medidas práticas que podem ser adotadas em prol de sua tranquilidade:

- Descansar.
- Passar o dia fora.
- Almoçar com um amigo.
- Passear no parque.
- Assistir a um filme.
- Preparar seu prato preferido.

COMO VOU LIDAR COM MINHAS EMOÇÕES HOJE?

Vai pegar leve? Vai adotar um tom calmo, bondoso e receptivo em seu monólogo interno? Vai deixar de lado o julgamento, a crítica e o rigor em relação a si mesmo?

Perceba como as emoções começam a se acalmar. Isso só acontece porque receberam permissão para serem vistas, ouvidas e terem sua essência revelada. Foram aceitas e tratadas com cuidado e compaixão por você. Pode ser que isso nunca tenha acontecido de verdade antes. Agora, você e seu lado emocional estão em sintonia. Este é um estilo de vida poderoso.

DO QUE MEU CORPO PRECISA HOJE?

Qualquer que seja o resultado de sua autoavaliação corporal, é importante tomar uma atitude. Você deve perguntar ao seu corpo: *Do que você precisa?*

Aqui estão alguns exemplos de pacientes que relataram sintomas físicos fortes, bem como o que esses sintomas revelaram sobre suas necessidades:

- **Dor:** Preciso extravasar. Preciso me libertar. Preciso ir embora. Preciso desapegar.
- **Tensão:** Preciso relaxar mais. Preciso de espaço. Preciso me expressar.
- **Formigamento:** Preciso de reafirmação. Preciso de clareza. Preciso ter planos. Preciso de tranquilidade.

Quando você tiver uma noção do que seu corpo precisa, é chegado o momento de decidir quais atitudes *compassivas e cuidadosas* podem ajudá-lo a cuidar dele.

QUE MEDIDAS PRÁTICAS POSSO ADOTAR HOJE PARA AJUDAR MEU CORPO?

A prática de algum exercício, desde que dentro de suas capacidades, pode ajudar a liberar a energia negativa retida no seu corpo. Acredito que o ato de se mover cria um fluxo que ajuda a desbloquear áreas "estagnadas". Aqui estão algumas ideias de medidas práticas que podem ser adotadas:

- Exercício.
- Alongamento.
- Ioga ou pilates.
- Caminhada ou corrida.

COMO VOU LIDAR COM MEU CORPO HOJE?

Vai pegar leve? Vai adotar uma abordagem calma, bondosa e receptiva ao tratar do seu corpo? Vai deixar de lado o julgamento, a crítica e o rigor em relação à sua forma física? Vai fornecer os nutrientes necessários para manter a saúde em dia?

Mais uma vez, perceba como o corpo se acalma quando essas atitudes são implementadas. Isso acontece porque ele foi reconhecido como é. Foi aceito e tratado com cuidado e compaixão por você. Pode ser que isso nunca tenha acontecido para valer antes. Agora, você e seu corpo estão em sintonia. Este também é um estilo de vida poderoso.

DO QUE MINHA MENTE PRECISA HOJE?

O cérebro, assim como todos os órgãos do corpo humano, pode ficar sobrecarregado às vezes. Precisa de um tempo para descansar, reiniciar e se recuperar. Se você não dedicar uma parte do dia a isso, não tardará para que seu cérebro seja tomado pela exaustão. Cuidar da mente é tão importante quanto cuidar do corpo.

Vale lembrar que o cérebro é como uma esponja. Absorve todo o conteúdo do dia a dia. Assimila todas as experiências. Responde quando você pensa demais. Ativa seu mecanismo de "ameaça" quando você enfrenta situações estressantes. Em suma, vai continuar trabalhando sem parar até que você lhe dê um descanso. Algumas técnicas como meditação e respiração são muito eficazes, já que dizem ao cérebro que ele pode fazer uma pausa ou diminuir o ritmo. Elas trazem equilíbrio. Mas você não precisa meditar ou respirar para alcançar esse feito — qualquer coisa que ajude a trazer uma sensação de calma e descanso ao longo do dia já está de bom tamanho.

QUE MEDIDAS PRÁTICAS POSSO ADOTAR HOJE PARA AJUDAR MINHA MENTE?

Além da meditação e da respiração, caso funcione para você, considere fazer alguma destas coisas todos os dias:

- Descanse a mente (leia por prazer, assista ao seu filme ou seriado favorito).
- Minimize o estresse e a pressão.
- Nutra a mente com informações estimulantes (podcasts motivacionais, documentários, palestras do TED Talks, livros de não ficção sobre um tema de seu interesse).
- Passe um tempo em meio à natureza (os estudos mostram que isso traz benefícios para o bem-estar mental).
- Coma alimentos saudáveis para manter o cérebro saudável (a internet está repleta de informações confiáveis sobre o impacto positivo que alimentos ricos em nutrientes têm na saúde mental).
- Trate-se com gentileza (um monólogo interno recheado de críticas só traz sofrimento).

Lembre-se: sua mente é o epicentro de tudo. Cuidar dela não é supérfluo, e sim uma necessidade.

COMO VOU LIDAR COM MINHA MENTE HOJE?

Vai pegar leve? Vai tratá-la de forma calma, bondosa e receptiva? Vai deixar de lado o julgamento, a crítica e o rigor? Vai permitir que ela se reinicie e se recupere?

Perceba como seus pensamentos começam a desacelerar e apresentar um teor mais gentil e compassivo. Veja como estão mais claros e produtivos. Eles fazem sentido. Sua mente foi aceita e tratada com cuidado e compaixão por você. Pode ser que isso nunca tenha acontecido para valer antes. Agora, você e sua mente estão em sintonia. Este é um estilo de vida poderoso.

TERCEIRO MINUTO: GRATIDÃO E INTENÇÃO

O cérebro humano foi programado para detectar problemas. Estima-se, segundo os neurocientistas, que cerca de 60% de nossos pensamentos são de teor negativo ou temeroso. É muito pensamento negativo! Mas a questão é que nosso cérebro acredita que isso nos ajuda. Ele está programado para se preparar para o pior e nos ajudar a evitar danos ou perigos. Vez ou outra, isso pode se mostrar útil. Com frequência, porém, só serve para gerar sofrimento psicológico.

A boa notícia é que existe um antídoto bem simples para isso: gratidão e intenção.

Essas duas coisas podem ajudar a implementar no cérebro uma forma de pensar adaptativa mais saudável que vai transformar seu dia por completo.

GRATIDÃO

Antes de tudo, quero dizer que nem sempre fui fã do conceito de gratidão. Permita-me explicar o porquê. Medito todos os dias. Muitos anos atrás, tive um professor que vivia discorrendo sobre a importância da gratidão. Mas isso me enchia de culpa, pois ele sempre dizia que os problemas dos alunos da turma, quaisquer que fossem, não eram nada comparados aos do resto do mundo. Depois, começava a enumerar desastres naturais, países em guerra ou manchetes trágicas da época. Em seguida, sempre nos dizia para entoar um mantra: *Tenho muito a agradecer*. E eu, por minha vez, pensava com meus botões: *Você devia se envergonhar, Owen!*

Certo dia, depois da aula, avistei uma colega de turma apoiada em uma parede perto da sala. Dava para ver que estava chorando. Eu me aproximei, um tanto hesitante, para ver se ela estava bem. Não estava. Curiosamente, ela também estava envergonhada por não sentir gratidão por todas as coisas boas de sua vida. Estava arrasada, e a gratidão não parecia ser uma prioridade àquela altura.

Enquanto conversávamos, ela me contou que seu filho de 21 anos tinha morrido em um acidente de moto no ano anterior. Estava assolada pelo luto e tentava se livrar daquela sensação pesada de tristeza e perda. Sentia-se culpada por ter esquecido os sofrimentos alheios.

Mas a questão é que ela não tinha esquecido. Sua dor apenas obscurecera temporariamente a capacidade de simpatizar com o sofrimento dos outros.

Quando recorremos à gratidão, acho importante deixar a vergonha de lado. Entendo muito bem que pode ser extremamente difícil sentir gratidão quando se está deprimido, ansioso, solitário, desamparado ou desesperançoso. E não há nada de errado nisso. Em momentos assim, a mente humana não vai produzir pensamentos movidos a gratidão de forma automática, uma vez que está muito ocupada produzindo pensamentos movidos a medo! Mas é aqui que a coisa fica interessante. Estudos psicológicos e neurocientíficos indicam que, quando entramos no "modo gratidão" (mesmo que sem vontade ou quase à força), nosso cérebro naturalmente começa a produzir mais substâncias químicas relacionadas ao bem-estar, como dopamina, serotonina e oxitocina. Em resumo, lembrar-se dos motivos para estar grato é uma forma rápida de melhorar o humor e reduzir a ansiedade. E quanto mais isso acontece, mais eficaz se torna. Sei que parece simples, mas a ciência é contundente.

Então, como parte de seu terceiro minuto de autoterapia, ainda na mesma posição e com os olhos fechados, pense em três aspectos de sua vida pelos quais sente gratidão, sejam seus amigos, família, animais de estimação, trabalho, casa, finanças, saúde ou até mesmo o clima do dia. Vale qualquer coisa, desde que você seja grato por ela.

Depois de identificar esses três aspectos, repita-os em voz alta algumas vezes, se achar que pode ser útil. Os estudos mostram que expressar gratidão de alguma forma, ainda que apenas para você mesmo, reforça o impacto benéfico.

Em seguida, respire fundo algumas vezes e preste atenção para ver se nota alguma mudança de humor ou emoção. Feito isso, é chegada a hora da próxima etapa do seu terceiro minuto: estabelecer sua intenção para o dia.

INTENÇÃO

É possível deixar qualquer dia melhor. Para isso, basta começá-lo com uma intenção saudável. Mas não é só porque você definiu uma que ela vai necessariamente acontecer. Pode ser que você tenha a intenção de ficar milionário, mas isso não significa que vai ficar!

Nesse ponto, retomaremos o trabalho feito no capítulo 4 sobre as mudanças que deseja para um futuro melhor, além do trabalho feito no capítulo 5 sobre levar uma vida autêntica e com valores, regras e convicções renovados e mais flexíveis. Sugiro que, ao definir sua intenção para o dia, tenha em mente o que realmente importa e o que lhe traz uma sensação genuína de felicidade, conexão e paz, em vez de se apegar a desejos materialistas ou egocêntricos.

Ainda na mesma posição, com os olhos fechados e em silêncio, concentre-se em estruturar três intenções para o dia vindouro. Caso seja de alguma ajuda, compartilho aqui minhas intenções de hoje com você:

- Vou estar presente e me esforçar ao máximo.
- Vou cuidar de mim mesmo, principalmente se me sentir sobrecarregado.
- Vou tentar tratar todo mundo com compaixão e compreensão.

As intenções vão variar a cada dia, mas não se esqueça de que elas servem como uma âncora. Se você sair dos trilhos a qualquer momento do dia, basta recordar suas intenções para retornar a uma base estável.

QUARTO MINUTO: ATERRAMENTO

Para se preparar para enfrentar o dia, é necessário fazer a técnica de aterramento. Com isso, quero dizer estabilizar o corpo e a mente. Embora este minuto de autoterapia seja bem curto, fique à vontade para estender o exercício se tiver tempo para isso.

Como você já sabe pelo trabalho de base, nossa mente vive apinhada de pensamentos (muitos deles improdutivos). Uma mente ocupada é fonte de estresse e, nesses casos, o corpo passa a produzir mais cortisol. Isso desencadeia uma forte reação do sistema nervoso simpático. Ou seja, a mente e o corpo entram no "modo ameaça": ficam à espera de perigos ou danos. Ficam prontos para partir para a ação. E, com isso, vem uma reação fisiológica e hormonal que causa nervosismo e agitação.

Ao diminuir o ritmo desse processo logo no começo do dia, você informa seu cérebro de que ele não precisa ficar em "modo ameaça" o tempo todo. Isso ajuda a estancar o turbilhão de sensações que chamamos de estresse ou ansiedade.

Existem muitas técnicas de aterramento voltadas a acalmar a mente e relaxar o corpo. Se conhecer uma que funcione melhor para você, pode optar por ela.

Para aqueles que ainda não estão familiarizados com o conceito, vou adotar uma das técnicas que considero mais eficazes. É a que costumo usar com os pacientes e já foi mencionada nos outros livros que publiquei.

COMO FAZER O ATERRAMENTO

Antes de tudo, quero deixar claro que esta técnica requer prática, mas fará sentido assim que você pegar o jeito. Recomendo que repita as mesmas etapas todos os dias, pois essa parte do processo de autoterapia vai se tornar um *porto seguro*.

Com os olhos fechados, siga estes três passos:

1. Imagine-se em um lugar repleto de beleza e paz. (Use o mesmo local todos os dias, pois isso trará um sentimento de familiaridade e segurança.) Permita-se experimentar tudo o que puder acerca dele: as cores, os sons, os aromas, as sensações, os sabores. Respire devagar e desfrute do ambiente tranquilo que sua imaginação evocou. Você está se valendo da sua imaginação para ajustar sua mentalidade.

2. Quando o relaxamento vier, escolha uma palavra que ajude sua mente a perceber que chegou ao seu porto seguro. A mesma palavra deve ser usada todos os dias. Pode ser qualquer uma, mas coisas como "paz" ou "calma" ou "felicidade" costumam funcionar bem para meus pacientes. Feito isso, apenas repita a palavra em voz alta algumas vezes. Você está se valendo da linguagem para promover um estado mais calmo.

3. Por fim, enquanto desfruta desse ambiente tranquilo, use as duas mãos para batucar nas coxas, uma de cada vez, da esquerda para a direita, em um ritmo *lento*. Um batuque rápido não vai ajudar em nada. Faça isso por vinte a trinta segundos. Esta é uma técnica chamada estímulo bilateral. Basicamente, sua imaginação evocou um lugar calmo promovido pela palavra escolhida. O ato de batucar durante a técnica serve como um estímulo físico. Transmite ao cérebro a mensagem de que o "modo ameaça" já não é mais necessário. O ritmo constante provoca

um sentimento de tranquilidade e propicia a sensação de aterramento.

Quando terminar, abra os olhos e reoriente-se.

A etapa **preparar** de sua autoterapia chegou ao fim, então agora você está pronto para enfrentar o dia, independentemente do que ele trouxer.

Em quatro minutos, você conseguiu:

- Analisar seu estado emocional, físico e mental.
- Descobrir suas necessidades para o dia.
- Demonstrar gratidão.
- Praticar o aterramento.

No início da tarde, você começará os três minutos seguintes de autoterapia diária. Vai ser o momento de **estabilizar** sua rotina, o que ajuda a manter a força, o foco e o senso de direção.

7

HORA DE *ESTABILIZAR* O DIA

NESTE CAPÍTULO, as técnicas terapêuticas voltadas para lhe trazer estabilidade serão o foco. A prática matinal serve como um preparo para o seu dia, ao passo que esta etapa da terapia atua como um nivelador. Com a ajuda dela, você vai manter seu senso de direção e sua autenticidade pelo resto do dia. Esta etapa tem três minutos de duração, mas, como na anterior, fique à vontade para se demorar um pouco mais se tiver disponibilidade.

É amplamente conhecido que pouquíssimas pessoas dedicam uma parte do dia a cuidar do bem-estar mental. Como vimos nos capítulos anteriores, é fácil cair na armadilha de seguir a todo vapor até sucumbir à exaustão. E, quando o cansaço chega, também é muito fácil retomar os maus hábitos.

Mas, como aprendemos com o trabalho de base, é essencial garantir o bem-estar da mente e praticar o autocuidado. É nossa responsabilidade dedicar um tempo a manter a mente sã e garantir que estamos cuidando de nós mesmos. E esse vai ser o foco dos próximos três minutos de autoterapia.

Por mais que tenhamos a melhor das intenções para o nosso dia, às vezes as coisas não saem conforme o planejado. Contratempos, interrupções, conflitos, doenças, atrasos no ônibus, pessoas irritantes, chefes irracionais e engarrafamentos podem fazer com que tudo vá por água abaixo.

Lembro-me de uma paciente chamada Meera que vivia tendo problemas com isso. Sempre começava o dia meditando. Depois, ia para a academia. Quando parava para tomar um chá, meditava outra vez. Ao longo do dia, ela empregava várias técnicas célebres de autoajuda. Percebi, porém, que nada disso impedia que seu dia descambasse para algo "péssimo".

Quando nos aprofundamos no assunto, descobri que o trabalho de Meera como agrimensora era muito competitivo e imprevisível. Conforme avaliávamos a derrocada do dia, percebíamos que muitas vezes o problema estava relacionado à forma como ela pensava e, consequentemente, agia. Quando havia uma alteração no prazo de um projeto, Meera já começava a pensar: "Não vou dar conta, vou estragar tudo".

Quando um colega criticava seu trabalho, ela pensava: "Não sou boa o bastante" e "Sou uma farsa". O problema era que Meera se deixava levar muito facilmente por pensamentos assim (pois estavam conectados ao sistema de crenças que ela mantinha, um conceito que já abordamos aqui). Mas não parava por aí. Quando Meera caía na armadilha dos pensamentos, também caía na armadilha dos comportamentos prejudiciais associados. Começava a discutir com os colegas e depois se afastava deles. Por conta disso, sempre se sentia isolada dos demais. Esse padrão se repetia no círculo familiar.

Por mais que entendesse a terapia na *teoria*, Meera não a executava na prática. Seguia todos os passos da meditação e, à primeira vista, até parecia estar fazendo tudo certo. Mas a verdade é que ela precisava se *comprometer* mais para conseguir mudar sua forma de pensar e agir e, depois, manter essas mudanças. Meera lidava com a camada superior do bolo, da qual você deve se lembrar, mas não fazia as mudanças necessárias na camada intermediária e na inferior.

Em geral, os dias ruins costumam ser fruto das respostas emocionais aos acontecimentos, e não dos acontecimentos em si. É claro que isso não se aplica a coisas mais graves, como perdas, acidentes, tragédias etc., que naturalmente vão provocar reações emocionais mais intensas.

Do mesmo modo, nossa forma de *agir* perante os acontecimentos pode ter um impacto mais negativo em nosso dia do que os acontecimentos em si. Comportamentos saudáveis tendem a levar a dias mais saudáveis e vice-versa.

A etapa **estabilizar** da autoterapia dura três minutos e abrange três áreas distintas. Antes de começar, sugiro que separe um tempo para realizar a prática de aterramento ensinada no capítulo anterior, pois vai ajudá-lo a preparar sua mente para o que vem a seguir.

Também sugiro que passe esses três minutos ao ar livre e em movimento — enquanto caminha, por exemplo. Se houver alguma limitação física que impeça isso, recomendo que você se acomode ao ar livre ou ao menos tenha uma visão do mundo lá fora. Também sugiro que encontre um lugar tranquilo e livre de distrações, de preferência perto da natureza. Muitos estudos indicam que até mesmo breves caminhadas na natureza ajudam a controlar a ansiedade, reduzir a pressão arterial e aumentar o bem-estar.

A prática matinal é feita com a pessoa sentada e de olhos fechados, mas esta segue mais o estilo de "terapia ativa". Movimentar o corpo enquanto se concentra nas três áreas vai trazer mais energia e impulso à sua prática. Também servirá como estímulo para implementar mudanças na rotina. Os hábitos mudam quando experimentamos coisas novas.

As três áreas são:

QUINTO MINUTO | Ajustar armadilhas de pensamento e comportamentos prejudiciais

SEXTO MINUTO | Analisar comportamentos saudáveis

SÉTIMO MINUTO | Demonstrar gentileza

Quero reiterar que, neste livro, *você* é o terapeuta. É *você* quem está se valendo de sabedoria e discernimento para lidar com suas próprias vulnerabilidades ou fraquezas, já que as conhece melhor do que ninguém.

Lembre-se de que cada passo deste processo o aproxima de uma perspectiva mais sadia. Você vai reprogramar seu cérebro e criar novas vias neurais que permitem mais flexibilidade à mente. Não se trata de uma mera caminhada de três minutos ou um tempinho passado ao ar livre. São três minutos de intervenção intensiva que vão moldar todo o seu dia.

QUINTO MINUTO: AJUSTAR ARMADILHAS DE PENSAMENTO E COMPORTAMENTOS PREJUDICIAIS

Agora que grande parte do dia já passou e a técnica de aterramento foi feita, chegou a hora de analisar tudo o que aconteceu nesse ínterim, recordando quaisquer dificuldades que possam ter aparecido.

Enquanto revisita esses acontecimentos em detalhes, pergunte-se: *Qual foi minha resposta emocional a isso? Que padrões de pensamentos negativos estiveram presentes?* Pode ser, por exemplo, presumir o pior, fazer suposições (provavelmente equivocadas) sobre o que os outros estão pensando, entrar no modo de autossabotagem, acreditar que você é o problema, ou quaisquer outros ciclos de pensamentos negativos que surgem em momentos de tristeza, raiva e estresse.

Depois, faça a seguinte pergunta: *Quais convicções arraigadas desencadearam esses padrões de pensamentos negativos?*

E, por fim, pergunte-se: *Quais comportamentos prejudiciais ou problemáticos adotei hoje?* Esses comportamentos podem ter sido motivados pelos acontecimentos negativos do dia e pela enxurrada de padrões de pensamentos e convicções arraigadas que vieram a reboque (por exemplo, "Por que discuti com meu chefe?", "Por que ignorei a ligação do meu amigo?", "Por que me atrasei para a reunião?", "Por que fui mal-educado com aquela pessoa na loja?"), ou podem ter sido os responsáveis pelos acontecimentos negativos.

Volte à página 107 para ver a lista de exemplos de comportamentos problemáticos que podem ter vindo à tona no seu dia (embora existam muitos outros além dos que estão listados lá).

Primeiro, veremos como ajustar suas armadilhas de pensamento.

Para isso, precisamos revisitar a técnica de reprogramação de padrões de pensamentos negativos que aprendemos no capítulo 5.

Reflita: há algum indício de que seus pensamentos negativos têm um fundo de verdade? Quase sempre verá que não. Depois: quais pensamentos produtivos podem substituir os improdutivos? Por fim: está na hora de deixar os pensamentos improdutivos de lado.

Quero contar a história de um de meus pacientes, Jake, pois acho que ilustra bem a questão.

Jake combinou de sair para almoçar com um amigo, mas levou um bolo. Para piorar, abriu as redes sociais e viu que o amigo em questão estava almoçando com outra pessoa. No calor do momento, decepcionado e furioso, enviou-lhe uma mensagem (com uma boa dose de xingamentos) dizendo que não queria mais saber dele e que a amizade havia chegado ao fim.

A suposta rejeição do amigo serviu de gatilho para Jake, o que levou a uma série de pensamentos negativos e convicções arraigadas que costumam vir à tona quando ele se depara com dificuldades.

Quando tudo aconteceu, seus padrões de pensamento seguiam esta linha:

- Por que ele faria uma coisa dessas?
- Devo ser um amigo horrível.
- Ninguém liga para mim.
- Vou morrer sozinho.

- Eu o odeio por ter feito isso.
- Sou um fracassado.

E assim por diante.
As convicções arraigadas eram:

- Ele deve ter ficado decepcionado comigo. Sou uma decepção.
- Deve ser minha culpa.
- As pessoas sempre me rejeitam.
- Não sou bom o bastante.

Como seria de imaginar, essa experiência teve um impacto negativo no resto do dia dele.

Passadas algumas horas, o amigo foi até a casa de Jake. A mensagem o deixara perplexo e confuso. Não entendia por que Jake estava zangado. Em seguida, mostrou a mensagem que o próprio Jake lhe enviara naquela manhã, que dizia: "Não tem como ser hoje, vamos remarcar para semana que vem". Jake imaginava que tinha mandado essa mensagem a um colega de trabalho para cancelar uma reunião, mas acabou enviando por engano ao amigo, que fez outros planos para o almoço!

Nenhum dos pensamentos ou interpretações de Jake tinha fundamento. Na psicologia, chamamos isso de "má interpretação cognitiva". Gera muitos problemas e situações dramáticas. É incrível o que nosso cérebro é capaz de criar. Alguns de nós poderiam até virar roteiristas de Hollywood!

Pare por um instante e pense em quantas vezes você interpreta palavras de modo errado, gestos, expressões faciais e comportamentos dos outros todos os dias. Pense em como isso traz sofrimento quando você não para e avalia se a suposição inicial é ou não verdadeira.

Jake poderia ter ligado para o amigo para pôr tudo em pratos limpos ou verificado suas mensagens outra vez. Poderia ter levado em conta a amizade de longa data. Mas quando o gatilho veio, ele caiu na armadilha e deu uma resposta totalmente levada pela emoção.

É sua responsabilidade, durante esta etapa da prática, conhecer o teor de seus pensamentos e saber que ajustes podem ser feitos para melhorá-los. Um dia ruim pode ser transformado em um piscar de olhos.

A seguir, vamos analisar como melhorar nossas reações a acontecimentos que servem de gatilho para comportamentos prejudiciais. É natural e esperado que outras pessoas e circunstâncias continuem acionando esses gatilhos, que não podem ser parados. O que pode ser feito, porém, é aprender a reagir melhor a eles.

Faça a seguinte pergunta: *Que resposta seria mais útil e flexível?*

Sei que muitas de suas respostas comportamentais negativas devem fazer parte de sua vida há um bom tempo. A prática diária é essencial para alterar esses comportamentos. Quanto mais puder desafiá-los, porém, mais progresso fará. Lembre-se: toda vez que você substitui uma resposta negativa por uma sadia, há uma mudança em suas vias neurais.

Por exemplo, talvez você viva discutindo com a pessoa com quem mora porque ela está chateada por você não ter lavado a louça (acho que todos nós já passamos por isso). A pessoa acha que isso é uma falta de respeito. Você reage de forma ríspida, diz algo ofensivo e deixa a pessoa ainda mais chateada. O clima fica pesado.

Um tempo depois, durante a autoterapia, você reflete e reconhece que foi influenciado por alguns comportamentos antigos. Em um primeiro momento, agiu de forma esquiva e egocêntrica. Quando isso lhe foi apontado, os padrões de raiva, projeção e autodefesa vieram à tona. Você jogou o problema no colo da outra pessoa.

Mas a verdade é que ela não é a causadora do problema. Tudo o que fez foi lhe mostrar um espelho no qual você viu o reflexo de suas próprias fraquezas e imperfeições. E essas são coisas difíceis de engolir. Pior ainda é a vergonha de saber que outra pessoa também enxerga essas falhas. Então é mais fácil revidar. Fico me perguntando quantas vezes uma situação como essa acontece no seu dia. No dia de todos nós! Muitas vezes entramos em guerra com os outros sem nem entender o que nos gerou tanta raiva e mágoa, que quase sempre adquirem uma intensidade desproporcional.

Mas, voltando ao assunto da louça: qual seria a resposta psicológica mais saudável? Vamos rebobinar. Você não lavou a louça, a outra pessoa ficou chateada. Ela diz que foi uma falta de respeito.

A essa altura, sua resposta inicial é sentir raiva porque a outra pessoa pisou no seu calo e trouxe à tona uma de suas fraquezas. Mas antes de responder e prejudicar ainda mais sua relação com alguém de quem você gosta, permita-se um instante de pausa. Você pode sinalizar ao outro que precisa de um tempo. Isso lhe dá o espaço físico e mental necessário para refletir sem que a outra pessoa se sinta ignorada, além de manter as vias de comunicação abertas. Durante a pausa, você percebe que a pessoa está visivelmente chateada.

Está na hora de se fazer duas perguntas:

1. O que está acontecendo comigo?
2. Qual é a melhor resposta para isso?

Graças a esse breve momento de reflexão, você percebe que não foi muito razoável. Que agiu de forma evasiva e um tanto egoísta. Admita isso para a outra pessoa e diga que pretende se esforçar para melhorar esse comportamento. A pessoa responde com calma e lhe agradece. Em seguida, você lava a louça.

A guerra foi evitada.

É a isso que me refiro quando descrevo respostas saudáveis e flexibilidade psicológica. Você reconheceu o que fez, assumiu a responsabilidade e agiu de forma respeitosa. Há uma diferença gritante no resultado. Seu dia fica mais calmo e tranquilo.

Eu sei que você deve estar pensando: "Mas essas briguinhas surgem tão de repente, como posso cortá-las pela raiz?". A resposta é simples. Sempre espere a raiva ir embora. Em vez de se jogar de cabeça e reagir de forma exagerada, tente acalmar a mente e desacelerar suas respostas para ter tempo de entender a situação. Só depois você pode oferecer uma resposta ponderada, receptiva e flexível, em vez de ficar na defensiva. O resultado vai ser indiscutivelmente melhor.

Isso me lembrou de uma viagem de avião que fiz alguns anos atrás. Um dos funcionários me direcionou para a fila errada na hora de embarcar. Fui parar na fila da primeira classe, mas tinha comprado uma passagem na categoria econômica. Havia muitos passageiros e só me dei conta do equívoco quando me aproximei do portão de embarque. Ao perceber que só poderia corrigir o erro se entrasse no fim de uma fila quilométrica, o que poderia fazer minha bagagem ser despachada para o porão e perdida (isso já tinha me acontecido antes), tive uma forte reação emocional: medo de ser repreendido e humilhado na frente dos outros passageiros. Bem nessa hora, vi uma funcionária se aproximar e percebi que eu estava prestes a assumir uma postura defensiva e potencialmente briguenta. Estava pronto para a luta.

Mas me detive por um instante, percebendo a forte reação que aquilo me despertara. Logo decidi assumir outra postura. Quando a funcionária se aproximou, sorri para ela e expliquei que estava na fila errada. Mudar de postura me deixou mais calmo e me deu a clareza necessária para encontrar uma solução: perguntar à comissária de bordo se ela queria que eu aguardasse até que todos os passageiros da primeira classe tivessem embarcado. Ela me agradeceu, visivelmente aliviada (devia achar que eu pretendia criar caso). Fiquei de lado e esperei por alguns instantes.

Pouco depois, embarquei no avião e virei à direita para adentrar a classe econômica. Quando já estava quase chegando à minha poltrona, um dos comissários me deu um tapinha no ombro e pediu que o seguisse. Tinham decidido me dar um upgrade para a primeira classe!

A simples atitude de estar atento às minhas reações e tomar uma decisão consciente trouxe um saldo muito positivo. O único ponto ruim foi que o trajeto durou apenas cinco horas. Não gosto muito de andar de avião, mas não queria que aquele voo acabasse de jeito nenhum!

Comportamentos saudáveis contribuem para resultados saudáveis. Nesta etapa da prática, você aprende a avaliar respostas alternativas para situações complicadas do cotidiano. Como consequência, receberá um saldo mais positivo para todas as horas de todos os dias por vir.

SEXTO MINUTO:
ANALISAR COMPORTAMENTOS SAUDÁVEIS

A terapia cognitivo-comportamental defende a visão de que nossos comportamentos exercem um impacto direto na forma como pensamos e sentimos, e que essas três coisas estão interligadas.

Pelo mesmo motivo, a TCC também defende a ideia de que, quando se trata de melhorar nosso bem-estar psicológico, tomar atitudes práticas — como implementar mudanças de comportamento positivas no cotidiano — é tão importante quanto falar nas sessões de terapia. De acordo com estudos, as intervenções cognitivas não são suficientes para melhorar o quadro de pessoas com depressão; elas também precisam participar ativamente de sua vida cotidiana. E esse é justamente o objetivo de minha abordagem. A terapia *deve* ir além da fala. Na minha opinião, não faz sentido analisar os pensamentos, as emoções e os processos psicológicos se a pessoa também não estiver disposta a mudar seus comportamentos.

Em meus anos de experiência clínica, observei que muitas vezes as mudanças comportamentais são ignoradas pelos pacientes. Desejos, promessas e anseios podem ser externados, mas será que são acompanhados por medidas práticas? Quase nunca, a menos que essa atitude seja expressamente incentivada durante as sessões de terapia. Por isso, permita-me lhe dizer o mesmo que digo a eles: se você não tiver disposição para mudar seus comportamentos rotineiros, não terei como ajudar. Parece duro, mas é a verdade.

Com isso em mente, vamos analisar o segundo minuto de sua prática ao ar livre.

Quero que você pense nos comportamentos que lhe despertaram uma sensação de atividade, estímulo e positividade no dia de hoje. Talvez sair para uma corrida, frequentar um clube do livro, aprender a dançar, caminhar na natureza, meditar, pintar, nadar, fazer trabalho voluntário ou praticar qualquer outra atividade que represente "envolvimento com a vida". (Um comentário: já tive pacientes — como Philomena e seu amor por jardinagem — que passaram por transformações incríveis depois de adotar alguns desses comportamentos, sendo que antes mal se envolviam com a vida.)

Leve estas perguntas em consideração ao refletir sobre esses comportamentos positivos:

- O que você fez hoje em relação ao seu condicionamento físico?
- Você tem sido uma pessoa ativa, dentro de suas capacidades?
- Além das atividades rotineiras, que outras práticas saudáveis você adotou?
- O que você fez hoje que o estimulou física ou mentalmente?
- Qual é seu nível de envolvimento com a vida hoje?

- Você adotou algum comportamento prejudicial ao seu bem-estar? (como consumo excessivo de álcool, drogas recreativas, alimentação excessiva, insuficiente ou pouco nutritiva, sexo sem proteção ou sexo que causou desconforto, gastos compulsivos ou excessivos).

É provável que sua resposta mude a cada dia, a depender da rotina. Mas a ideia é passar a ter mais consciência de seus comportamentos e mudá-los, se necessário, o que nos leva ao empenho em adotar comportamentos mais positivos no restante do dia. Reflita sobre as seguintes perguntas e permita que as respostas tragam mais saúde e atividade ao seu cotidiano:

- O que me comprometo a fazer em relação ao meu condicionamento físico?
- Quando posso separar um tempo para ser uma pessoa mais ativa, dentro de minhas capacidades?
- O que posso fazer hoje para me sentir mais saudável e ativo?
- Que estímulos saudáveis posso ter hoje?
- Como posso me envolver mais com a vida?
- De que comportamentos prejudiciais posso abrir mão?

Lembre-se de que esta etapa da prática serve para ajudá-lo a tomar as rédeas de seu cotidiano. Mesmo que as coisas não tenham corrido muito bem até esse momento do dia, essa análise dos seus comportamentos saudáveis é uma oportunidade para você fazer algo a respeito. *Você* controla seus comportamentos, e não é controlado por eles.

SÉTIMO MINUTO: DEMONSTRAR GENTILEZA

Pensei muito se deveria ou não incluir essa parte em sua prática diária.

Embora seja mencionado em alguns modelos de terapia, o conceito de "gestos de gentileza" tem raízes na espiritualidade oriental. Ainda assim, parece que temos a tendência a encarar palavras como "gentileza", "autocuidado", "compaixão" como algo meigo ou até mesmo hipócrita. Mas o tipo de gentileza a que me refiro é cheio de nuances, algo mais complexo e desafiador (principalmente agora) do que uma mera hashtag em redes sociais. E isso faz sentido, considerando que não se trata apenas do que dizemos na internet ou na vida real — tem a ver com uma mudança de comportamento. (Isso está relacionado ao que eu disse sobre um gesto valer mais que mil palavras.) Qualquer um pode dizer coisas bonitas, mas são as ações que contam.

Para ser honesto, minha relutância em usar a palavra "gentileza" vem do fato de, hoje em dia, ela estar associada tanto a redes sociais quanto a religiões. Tenho certeza de que você já viu a hashtag #sejagentil por aí. Por mais que tenha uma mensagem implícita positiva, essa hashtag aparece com frequência em postagens tóxicas no Twitter e é usada de forma incoerente para defender comportamentos grosseiros e intimidadores.

O conceito de gentileza é abordado de forma semelhante por algumas religiões. Como já mencionei, fui criado em um lar católico, mas apesar de os padres e bispos pregarem sobre "amor ao próximo" (ou seja, amar todas as pessoas, sejam quais forem suas crenças, credos ou cor) e sobre sermos todos iguais, a verdade é que a Igreja Católica não tem um histórico de tratar *todos* com gentileza. Eles marginalizam muita gente. Nem sempre fazem aquilo que pregam. Não quero atacar a religião ou as igrejas, pois elas também fazem um excelente trabalho. Meu argumento é que a gentileza e a compaixão devem ser destinadas a *todos*, devem ter significado. Não são palavras para serem usadas em vão.

Se for cuidadosamente integrada à nossa vida, porém, a gentileza pode ser uma força terapêutica poderosa para implementar mudanças positivas. Permita-me explicar por quê.

É natural que nós, enquanto seres humanos, fiquemos mais introspectivos em momentos difíceis. Podemos nos tornar reflexivos, autocentrados, isolados e mais alheios às necessidades dos outros. É uma forma de autopreservação. Durante um período de recuperação ou descanso, às vezes isso até pode ser considerado saudável. O problema é quando essa atitude vira um padrão mais duradouro. Nesses casos, pode agravar o humor depressivo, a ansiedade e os padrões negativos em geral. Os estudos mostram que demonstrações de gentileza aumentam nossa sensação de bem-estar. Existem alguns motivos para isso. Toda vez que é gentil com alguém, você:

- Experimenta uma alta na dopamina, serotonina e oxitocina (os hormônios do bem-estar).
- Sente mais conexão com as outras pessoas.
- Quebra padrões introspectivos.
- Sente que tem mais valor e propósito (ajudar alguém a se sentir melhor).
- Tem a sensação de colaborar por um bem maior.

Para quase todo mundo, é mais fácil ser gentil com as pessoas mais próximas. E, desse modo, também é mais fácil mensurar o impacto desse gesto. Embora eu veja todas as demonstrações de gentileza como uma coisa boa, acredito que tenham um impacto maior quando são destinadas a pessoas que não conhecemos tão bem ou de quem não somos tão próximos.

O que quero dizer com isso?

Esse tipo de gesto tem um impacto maior na pessoa que praticou a gentileza — você — do que no desconhecido que a recebeu. É algo um pouco mais difícil de fazer, e é *justamente* essa dificuldade que torna o ato mais altruísta. E, quando somos altruístas, passamos por uma incrível mudança interna. Deixamos nossos problemas para trás. Por um instante, esquecemos até o nosso sofrimento. Bem lá no fundo, sabemos que agimos em prol de um bem maior. Ativamos o processo de autocura.

Foi por isso que decidi incluir as demonstrações de gentileza em sua autoterapia diária. Agora, vamos ver como implementá-las na prática.

Faça uma pausa e reflita sobre uma demonstração aleatória de gentileza que você poderia incorporar ao seu dia. Não estou sugerindo gestos grandiosos ou caros, como quitar o financiamento de alguém ou presentear-lhe com um carro. Em vez disso, pense em como você pode fazer a diferença no dia de outra pessoa, uma forma de demonstrar que ela está nos seus pensamentos. Isso pode ser feito de várias maneiras, como comprar um sanduíche para um morador de rua, preparar uma xícara de chá para animar um colega, dar passagem para um carro no trânsito, sorrir para alguém que parece sozinho, conversar com uma pessoa que parece solitária, ligar para um amigo que está enfrentando dificuldades ou então preparar um jantar para um vizinho idoso. Use *suas* alegrias do cotidiano como fonte de inspiração.

Este minuto da prática não se restringe a um momento para decidir o gesto a ser implementado naquele dia. Também serve como um lembrete de como demonstrações de gentileza são importantes, não apenas para quem as recebe, mas também para quem as pratica.

Gentileza não é apenas uma tendência ou uma *hashtag*. É um estilo de vida. Uma terapia. Um ato de rebeldia.

A etapa **estabilizar** de sua autoterapia está completa. Agora você está preparado para enfrentar o resto do seu dia, venha o que vier.

Em três minutos, você conseguiu:

1. Fazer um balanço dos momentos mais desafiadores do dia até então, além de identificar padrões de pensamentos negativos, convicções arraigadas e comportamentos prejudiciais.
2. Traçar um plano de ação para quando esses padrões forem desencadeados por situações semelhantes.
3. Analisar os comportamentos saudáveis do seu dia até então e se empenhar para implementar outros na mesma linha.
4. Comprometer-se com demonstrações aleatórias de gentileza.

À noite, você retomará sua prática de autoterapia diária. Vão ser três minutos dedicados a **refletir e redefinir** alguns aspectos do dia. Durante a terceira e última autoanálise, você avaliará as lições aprendidas até aquele momento e deixará de lado os pensamentos inúteis para garantir uma boa noite de sono.

8

REFLETIR E REDEFINIR NO FIM DO DIA

VOCÊ JÁ TEVE AQUELA EXPERIÊNCIA de olhar para a cama, fantasiar que se enfia debaixo das cobertas e cai no sono? É uma ideia tão tentadora: sem barulhos, sem interrupções, sem pessoas precisando de você (a menos que tenha filhos pequenos — foi mal!). Nada além de dormir e relaxar. Algumas horas longe de tudo. Uma fuga. Um momento de recarregar as energias. De se preparar para o dia seguinte.

Todos os estudos mostram que o sono exerce um impacto positivo sobre nosso bem-estar. Infelizmente, porém, dormir não é uma tarefa fácil para todos. Muitas pessoas vão para a cama estressadas e exaustas. O sono muitas vezes é interrompido enquanto o inconsciente esquadrinha todos os assuntos não resolvidos do cotidiano. Muitos dos estresses do dia persistem durante a noite e, por algum motivo, podem parecer intransponíveis na solidão que acompanha esse período. Isso desencadeia um estado de alerta elevado. O sono não acontece da forma correta, o que tem um impacto negativo na saúde física e mental. As pessoas não encerram o dia de forma saudável e, como consequência, sofrem de insônia.

Já abordei, em outro capítulo, o ato de sair da cama e entrar no piloto automático pelo resto do dia. Usamos a prática de **preparar** para lidar com a questão. Mas o mesmo problema persiste durante a noite. Muitas pessoas ficam se revirando na cama, sem conseguir pregar os olhos. É como dormir embalado pelos solavancos de um carro a toda velocidade.

A menos que seja feito um esforço para desapegar dos problemas do dia, cair no sono pode ser um desafio e tanto para alguns de nós. É como se levássemos uma porção de pessoas e situações negativas para a nossa cama! Estamos quase literalmente em maus lençóis.

Quantas vezes você passou horas ruminando sobre o seu dia enquanto tentava dormir? Quantas vezes teve que se levantar da cama porque se esqueceu de colocar o frango para descongelar? Quantas vezes teve que abrir o e-mail no celular porque se esqueceu de responder alguém? Quantas vezes pensou "só mais unzinho" enquanto assistia a outro episódio de uma série na Netflix? (Já fiz tudo isso, confesso.)

Muitos anos atrás, tive uma paciente que se preocupava muito com o que os outros pensavam a seu respeito. Dizia que, toda noite, deitava-se para dormir e repassava tudo o que havia feito naquele dia, tentando descobrir se tinha ofendido, chateado ou decepcionado alguém. Em uma de nossas sessões, ela começou a enumerar algumas das pessoas que cruzavam sua mente com frequência. Eram quase vinte. Lembro-me de dizer a ela: "É muita gente para levar para a cama todas as noites".

"É mesmo. Quase uma suruba!" Por mais que tenhamos achado graça, a questão é que não lhe sobrava espaço para descansar ou recarregar as energias. O cérebro não parava nem por um minuto. E, a longo prazo, isso não é sustentável para ninguém.

Se você se identifica com isso, talvez esteja na hora de mudar.

Isso nos leva à última parte de sua prática diária: **refletir e redefinir**. Esqueça o chocolate quente antes de ir para a cama. Se quiser mesmo espairecer, é melhor recorrer à terapia noturna.

COMO FUNCIONA?

ASSIM COMO EM SUA PRÁTICA matinal e vespertina, tomei cuidado com a duração. E embora esta etapa seja *mesmo* breve — apenas três minutos antes de ir para a cama (mas não de fato *na* cama) —, está repleta de conteúdos úteis. (Assim como das outras vezes, fique à vontade para se prolongar na execução.) Sugiro que repita o exercício de aterramento — seu alongamento psicológico — por um minuto antes de começar.

Se tiver problemas para dormir, cogite repetir o mesmo exercício ao final da prática, quando já estiver na cama, para conseguir cair no sono.

Para esta etapa de sua prática diária, sugiro que você procure um local livre de interrupções, seja em seu quarto ou em outro ambiente tranquilo. Mas, como já mencionei, não de fato na cama, pois você corre o risco de adormecer e, assim, não colherá todos os benefícios da terapia. Nesse caso, a qualidade de seu sono poderia ser afetada indiretamente.

Na ausência de um terapeuta qualificado com quem conversar, nesta etapa você deve pôr na ponta do lápis tudo o que diria em uma sessão de terapia normal. Essa é sua forma de "processar".

Providencie uma toalha ou lenços e uma pequena tigela com água. A última etapa de sua prática consistirá em um exercício catártico para "lavar" o dia, cujos detalhes vou descrever mais adiante. Mas não precisa se preocupar. Não tem nada de estranho ou maluco nisso. É algo que faço ao lado do paciente ao final de uma sessão, e gostaria de transmitir a ideia para o lado terapeuta que existe em você.

Nesta terceira e última etapa, vamos nos concentrar em três áreas:

OITAVO MINUTO | Registrar e deixar para trás

NONO MINUTO | Aprendizados do dia

DÉCIMO MINUTO | Limpeza, energização e encerramento do dia

Quero sugerir coisas para você *pensar*, *fazer* e *falar* durante esta sessão.

Mais uma vez, não se preocupe se não conseguir terminar o exercício em três minutos. Como toda prática, vai ficar mais fácil com o tempo até, por fim, se tornar algo natural.

Antes de começarmos, um breve aviso que se aplica a todas as sessões do dia, mas particularmente a esta etapa da noite.

Uma das regras da terapia é que você não deve atender um paciente se ele estiver embriagado ou sob efeito de drogas ou substâncias ilícitas (medicamentos prescritos não se enquadram aqui), pois o cérebro de uma pessoa nesse estado é incapaz de processar as informações de forma adequada. Digo isso para protegê-lo e apoiá-lo, sem um pingo de julgamento. As técnicas terapêuticas só têm utilidade quando todas as partes envolvidas estão sóbrias, racionais e abertas.

OITAVO MINUTO:
REGISTRAR E DEIXAR PARA TRÁS

EXISTEM MUITAS FORMAS DE REGISTRAR as coisas, mas vou sugerir uma técnica enxuta e específica que uso para ajudar meus pacientes a extrair informações importantes a partir de suas experiências e impedir que divaguem e ruminem sobre coisas sem valor terapêutico por linhas a fio. A técnica também é útil para evitar que você exceda seus três minutos de terapia e garantir que terá uma boa noite de sono.

Neste primeiro exercício, vamos identificar quais momentos do dia lhe trouxeram angústia ou aborrecimento. Podem ser aqueles que você identificou no quinto minuto de sua prática de **estabilizar** durante o almoço, se ainda estiverem rondando sua mente. Em seguida, veremos como deixá-los para trás.

Talvez você esteja se perguntando se é sensato relembrar momentos angustiantes pouco antes de ir dormir. Creio que sim. Se não processarmos e superarmos as coisas que nos aconteceram ao longo do dia, elas nos seguem para onde formos, o que é muito prejudicial a longo prazo.

Gostaria que você adotasse um modelo bem estruturado para relembrar as situações que lhe causaram estresse ou aborrecimento ao longo do dia:

1. **Acontecimento:** descreva o ocorrido da forma mais objetiva e fiel que puder
2. **Interpretação:** descreva a interpretação ou conclusão que você inferiu a partir do ocorrido
3. **Consequências:** descreva o impacto que a interpretação do ocorrido exerce em seus pensamentos, suas emoções, seu bem-estar e sua capacidade de pegar no sono
4. **Desfecho:** descreva as armadilhas de pensamento em que acredita estar caindo, bem como as evidências que corroboram seus padrões de pensamentos negativos, os pensamentos alternativos produtivos que vão substituir os improdutivos e, por fim, deixe o pensamento negativo de lado

Vou mostrar um exemplo de como isso pode funcionar na prática.

Em uma reunião, Pam diz a um subalterno que seu desempenho no trabalho está aquém do desejado. Isso gera um desentendimento e, ao sair da sala, o funcionário a chama de "gerente de meia-tigela". Por mais que as ações de Pam tenham sido justificadas, tudo isso a chateia. Este é o **acontecimento**. Mais tarde naquela noite, Pam escreve em seu diário:

Acontecimento: Discussão com colega de trabalho.

Pam passa o dia preocupada com isso. Quando se deita para dormir, começa a se questionar. Uma convicção toma forma em sua mente: "Eu não deveria chatear os outros". Esta é a **interpretação**. Pam escreve em seu diário:

Interpretação: Eu não posso chatear os outros.

Ela sabe que está cismada e preocupada demais, e a ideia de ir ao trabalho no dia seguinte a enche de ansiedade. Também acha que não vai conseguir pregar os olhos. Essas são as **consequências**. Pam escreve em seu diário:

Consequências: Ansiedade, insônia.

Ela entra no "modo terapia" e percebe que retornou a seus velhos padrões de pensamento de querer agradar a todo mundo e se preocupar demais com a opinião alheia. Depois, ela pondera as evidências. Era seu dever mencionar a ineficiência de seu colega de trabalho, e ficar em silêncio não teria ajudado nenhum dos dois. Pam tem um desempenho ótimo na empresa, foi promovida há pouco e se dá bem com os demais colegas. É uma boa gerente. Pensando de forma racional, percebe que suas ações foram justificadas e consegue deixar o acontecimento para trás. Este é o **desfecho**. Pam escreve em seu diário:

Desfecho: Velhos padrões ativados — posso deixar tudo para trás. Eu fiz a coisa certa.

A situação de Pam é comum no cotidiano de todos nós. Às vezes fazemos a coisa "certa", mas logo surgem pensamentos recheados de dúvida, autocrítica e autodepreciação alimentados por antigas regras, convicções ou experiências arraigadas. Mas tudo muda quando passamos a enxergar a problemática por trás desse padrão. Desapegamos de velhas convicções, descobrimos nossa liberdade e força e construímos novos pilares. Começamos a confiar em nós mesmos.

Vale lembrar que você não é responsável pela forma como os outros reagem a suas ações. Há momentos em que é certo prezar pela honestidade. Momentos em que é certo contestar as pessoas. Momentos em que você pode dizer não. Você não tem a obrigação de manter todos felizes. Enquanto ser humano, seu propósito neste mundo é honrar e respeitar a si mesmo. Quando isso acontece, é possível levar uma vida estável e autêntica.

Agora que você entende o processo e o formato desta etapa da autoterapia, está na hora de refletir e trabalhar nos momentos mais difíceis do seu dia. Não os reprima, não tente fingir que está tudo bem. Não tente ignorá-los ou esquecê-los. Do mesmo modo, não permita que corram soltos por sua mente ao se deitar para dormir. Lide com eles. Graças a esse novo hábito, será mais fácil criar padrões saudáveis e agir de forma racional para abrir mão daquilo que não lhe faz bem.

Quando terminar de registrar os acontecimentos do dia, releia um por vez. Depois disso, tome a decisão consciente de deixar cada um deles para trás.

Já carregamos muita "bagagem" por aí. Às vezes tiramos conclusões equivocadas, ou então nos prendemos a ciclos de pensamentos improdutivos e nos preocupamos em excesso. Este exercício serve de ajuda para nos libertarmos disso. É um jeito poderoso de encerrar o dia e adormecer.

Antes de avançar para a próxima etapa da prática, faça uma pausa para respirar. Imagine todos os problemas e preocupações do dia sendo levados para longe. Você não precisa mais carregá-los por aí. Já está preparado para avançar para a próxima etapa: extrair os aprendizados do dia.

NONO MINUTO:
APRENDIZADOS DO DIA

A VIDA É CHEIA DE aprendizados. Cada interação, acontecimento e experiência traz uma lição útil. Mas, se quiser tirar proveito disso, você deve ter a mente aberta para assimilar os aprendizados e estar alerta para identificar sua chegada.

Quando se trata de desenvolvimento e crescimento pessoal, há muita ladainha envolvendo os chamados "momentos de epifania". Nesses casos, tenta-se vender a ideia de que os aprendizados nos chegam por meio de epifanias e sinais nirvânicos do tipo: quanto maior, melhor.

Durante minha infância católica, participei de muitas peregrinações a santuários em homenagem à Virgem Maria. Antes de tudo, quero deixar claro que essas peregrinações trazem esperança para milhões de pessoas e que não tenho a menor intenção de desrespeitar as crenças alheias. Muito pelo contrário, quero usar esta história para ilustrar um ponto de vista.

Minha falecida mãe levava meus irmãos e eu em uma viagem de seis horas de ônibus para ver a "estátua móvel" em um santuário, que ficava na República da Irlanda. Ao que diziam, a estátua não apenas se movia, mas também chorava. Passávamos a noite toda sentados, exaustos, esperando que a estátua se mexesse. Essas peregrinações quase sempre aconteciam no verão, mas como estávamos na Irlanda, o clima era sempre frio e úmido. Como você já deve imaginar, quando se tem cinquenta ou sessenta pessoas delirando de cansaço, tiritando de frio enquanto encaram uma estátua, cedo ou tarde uma delas vai acabar vendo algo se mexer. E foi exatamente isso que aconteceu.

A estátua não apenas se mexeu e chorou, mas alguns alegaram tê-la visto acenar. A estátua móvel também teria chamado outros convidados, incluindo Jesus e alguns santos célebres. Foi uma festança celestial regada a sumidades.

As pessoas saíam de lá exultantes depois de ter visto indícios de que existia "algo maior". Acreditavam ter sido agraciadas com bênçãos e aprendizados: tinham sido vistas por Jesus, e Ele sabia tudo o que tinham feito ou deixado de fazer; sua crença Nele seria recompensada no Paraíso, Ele as perdoava, elas eram pessoas boas, de valor. Eu, por outro lado, acreditava que tinha pegado pneumonia e que um dia escreveria um livro intitulado *A estátua móvel* (fiquem de olho!). Mas quero dizer algo sério: nossos companheiros de peregrinação buscavam tirar lições inspiradoras daquela circunstância extraordinária. Mas os aprendizados mais importantes costumam se esconder nas coisas mais comuns. Nos momentos de simplicidade. Nos momentos de silêncio. Eles surgem quando você escuta. Quando você observa sem julgamentos. Estão nas pausas para o chá. Na pessoa que lhe sorri no ponto de ônibus. No amigo que liga quando você mais precisa. Estão nos momentos de frustração, desgosto e decepção. Os aprendizados estão por toda parte. São os responsáveis por nos impulsionar, por nos ajudar a entender, a tomar decisões e a enxergar com clareza. São aqueles momentos inexplicáveis em que temos um estalo e, de repente, tudo parece se encaixar.

Infelizmente, esses momentos muitas vezes passam em branco. Na minha experiência, isso acontece quando:

- Paramos de ouvir.
- Procuramos respostas nos lugares errados.
- Acabamos nos fechando para novas possibilidades.
- Esquecemos o que realmente importa.
- Vivemos no piloto automático, sem ter em mente nosso grande propósito de vida.

COMO ENCONTRAR ESSES APRENDIZADOS?

Quero deixar bem claro: os aprendizados a que me refiro aqui não são necessariamente práticos. Não respondem a perguntas do tipo: *Como posso ganhar mais dinheiro? Como posso conseguir uma promoção? Como posso parecer dez anos mais jovem?*

Esses aprendizados são mais profundos e vastos. Talvez revelem a verdadeira fonte de sua felicidade (que pode não ser o que você imagina). Talvez lhe mostrem o quanto uma determinada pessoa melhora sua vida, ou o quanto outra a prejudica. Talvez deixem claro que seus filhos são mais resilientes do que você imaginava, ou que estão lhe ensinando tanto quanto você ensina a eles. Talvez permitam um vislumbre dos medos mais profundos de seu parceiro, mostrando-lhe que você tem o poder de apaziguá-los. Uma demonstração de gentileza de uma pessoa inesperada pode servir como um lembrete de que a humanidade é boa. Talvez você perceba que não está sendo fiel à sua essência.

Durante o segundo minuto de autoterapia noturna, relembre o seu trabalho de base — seus problemas, sua história, suas regras, seus modos de pensar, seus padrões emocionais e comportamentais e tudo o que lhe é importante — e se faça esta simples pergunta:

O QUE A VIDA ME ENSINOU HOJE?

Tente identificar os momentos que suscitaram fortes emoções. Que pensamentos você teve ao longo do dia? Alguma situação serviu de gatilho para convicções antigas surgirem? Você, ou alguém com quem interagiu, falou ou se comportou de modo contrário aos seus valores? Algum momento ou situação se destacou?

Apenas se permita fazer uma pausa e deixe as informações fluírem. Não tente forçar as coisas. As respostas virão se você parar para ouvir.

Agora, vou compartilhar os aprendizados oriundos da minha prática de ontem, na esperança de que lhe sejam úteis.

Eu estava exausto antes de ir dormir e, ao analisar como me sentia, percebi que estava um tanto apático. Tinha acabado de ver um filme em que o cavalo da protagonista morre. Ela fica arrasada com a perda. Foi difícil de assistir.

Quando comecei a pensar nos aprendizados do dia, percebi que meu humor apático era um reflexo do meu sofrimento. Perdi um grande amigo e meu cachorro há alguns meses. Sinto muita saudade dos dois. Minha vida tem sido extremamente atribulada desde então, e percebi que não estou me permitindo sofrer como deveria. O aprendizado me trouxe um lembrete importante.

A vida tinha algo a me ensinar, mas teria me passado batido se eu não tivesse reservado um tempo para a prática noturna.

Os aprendizados podem ser bons lembretes da importância da gratidão e do apreço, mas também podem ser indicadores de que é necessário recalibrar e fazer algumas mudanças em sua vida. Mantenha a mente aberta e curiosa. Aceite o que a vida tem a ensinar. Há muitos tesouros a serem encontrados.

DÉCIMO MINUTO: LIMPEZA, ENERGIZAÇÃO E ENCERRAMENTO DO DIA

Você chegou ao último minuto de sua prática diária. Este é o momento de limpar, energizar e encerrar o dia. A manhã e a tarde já se foram e agora é hora de dormir e se preparar para um novo dia.

LIMPEZA

Este não é um ritual ensinado na formação de terapeuta, mas é usado com frequência nas práticas de cura. Muitos anos atrás, um de meus supervisores me mostrou como incorporá-lo ao final das sessões. Ele acredita que a imersão na água permite ao terapeuta deixar de lado os aspectos desafiadores da sessão anterior e, assim, começar a seguinte com energia renovada e mente fresca.

Sei que essa é uma técnica de autoterapia, e não uma sessão em si, mas ainda assim acredito que você encontrará utilidade no ritual. Permita-me explicar como funciona.

Você só precisa de uma pequena tigela com água suficiente para lavar as mãos.

Mergulhe as mãos na água e, enquanto as lava, imagine que está limpando qualquer vestígio de negatividade, raiva e ressentimento que experimentou ao longo do dia. É hora de deixar o dia para trás.

Este ritual de limpeza noturno é um jeito saudável de aplacar e reiniciar a mente e reforçar a ideia de que seu sono não vai ser afetado por influências negativas. É como se permitisse que seu dia ficasse para trás, o que vai lhe trazer um sentimento de paz e contentamento.

Também é um gesto de honra. Os rituais de limpeza são utilizados por várias culturas ao redor do mundo e tidos como uma forma tradicional de honrar e cuidar de si mesmo.

Você já deve estar familiarizado com a expressão *Namastê: a luz que habita em mim saúda a luz que existe em você.*

Esta é uma forma de saudar a luz que existe em você.

ENERGIZAÇÃO

Na segunda etapa do último minuto de sua prática diária, gostaria que você tentasse se conectar com algo maior do que todos nós. Acompanhe meu raciocínio. Não precisa ser nada relacionado a uma religião ou um deus específico (a menos que você queira). Pode ter a ver com o sistema solar, por exemplo. Observar as estrelas, admirar a beleza do nosso mundo, o milagre de nossa existência — quase uma impossibilidade matemática — tem um efeito poderoso. Tudo isso pode lhe dar uma boa perspectiva. Saber que todos os seus problemas são microscópicos quando se analisa o espaço-tempo como um todo é uma experiência libertadora.

Pode chamar de carma, destino e sina, Mãe Natureza, Wicca, iluminismo, sabedoria antiga, energia, leis do universo ou simplesmente um poder superior desconhecido, incompreensível e inexplicável — basta escolher com qual você tem mais sintonia e encontrar uma forma de se conectar.

Por que motivo peço a você que se conecte com uma crença ou com algo maior do que todos nós? Porque seria impossível — e até irresponsável — de minha parte ignorar que vários estudos no ramo de psicologia indicam que pessoas que acreditam em alguma coisa, seja lá o que for, são melhores em lidar com tempos difíceis e melhores em cuidar de problemas de saúde mental se comparadas àquelas que não têm sistemas de crença. Algum grau de espiritualidade ou crença em uma fonte de energia pode ser uma ferramenta psicológica útil. (Mas também há outro lado, é claro, quando o assunto é religião: as pessoas que se envergonham de suas crenças religiosas tendem a sofrer *mais* em tempos difíceis. É algo a se ter em conta.)

Meu interesse pela energia vem dos anos que passei trabalhando com pessoas com doenças terminais à beira da morte. Muitas delas disseram ter encontrado paz e contentamento ao abrir mão do controle de sua jornada para Deus,

Alá, Maomé, Buda, entre outros. Fora das práticas religiosas, isso é descrito como confiar no universo, na luz, na energia, na natureza, e assim por diante. Testemunhei em primeira mão — e em diferentes contextos — como isso ajudou algumas pessoas durante um período que, de outra forma, poderia ter trazido muito sofrimento. Qual é o apelo? Qual é o ponto em comum entre todos esses sistemas de crenças? O alívio de ter permissão para soltar as rédeas. A percepção libertadora de que você não está no controle e que sua vida está nas mãos de algo ou alguém. É a energia que flui de uma fonte muito superior.

Então, sugiro que você se conecte a qualquer coisa que sirva de impulso para ir além de si mesmo. Pratique a arte de abrir mão do controle e permita-se ser energizado. Você pode começar imaginando algo inspirador, como uma cadeia de montanhas ou o oceano, caso isso o ajude a entrar no estado de espírito adequado. Pode ouvir algo que o transporte para longe, como o som da chuva, o canto dos pássaros ou uma peça de música clássica. Pode começar com uma oração, se preferir. Serve qualquer coisa. A única condição é ceder o controle para uma força maior e manter a mente aberta para a energia fluir.

ENCERRAMENTO DO DIA

A etapa de **refletir e redefinir** em sua autoterapia diária chegou ao fim.

Em três minutos, você:

1. Registrou os momentos do dia que lhe causaram angústia ou aborrecimento, depois os deixou para trás.
2. Descobriu os aprendizados que a vida lhe trouxe hoje.
3. Limpou os aspectos negativos do seu dia.
4. Permitiu-se ser energizado por uma força maior.

Agora, eu gostaria que você avançasse para a última parte de sua prática diária em absoluta quietude e serenidade. Você vai assimilar o dia com o poder do silêncio. Vai permitir que o silêncio prepare sua mente para adormecer. Não há mais nada a fazer a essa altura. Não há mais ações. Nem reflexões.

Está na hora de adormecer e mergulhar na mais profunda serenidade.

Você conseguiu encaixar dez minutos de terapia no seu dia. Algo que lhe traz estabilidade. Que lhe permite lidar com quaisquer desafios por vir. Que lhe possibilita levar uma vida autêntica e honesta. Uma vida mais plena.

Esses dez minutos têm o potencial de ser os mais poderosos do seu dia.

Faça-os valer a pena.

9

QUANDO A VIDA LHE DER LIMÕES...

QUASE TODOS NÓS SABEMOS QUE a vida muitas vezes nos dá limões. Em um dia você está ótimo, com tudo indo às mil maravilhas. Completamente feliz. No dia seguinte, acontece uma catástrofe e tudo fica de pernas para o ar. Pode ser uma perda, um rompimento, uma demissão, uma doença, um acidente, uma tragédia e até mesmo um desastre natural. Pode ser qualquer coisa. A vida é um mar de possibilidades inesperadas e, às vezes, pode ser bem difícil lidar com elas.

Escrevo este capítulo um ano e meio depois que relatos de uma dessas mudanças inesperadas — um vírus chamado Covid-19 — começaram a pipocar nos noticiários. A vida de quase todo mundo foi impactada e paralisada no início de 2020. A terapia nunca foi tão necessária graças à avalanche de caos e incertezas que isso trouxe. Tem sido uma experiência traumática, e acredito que as consequências psicológicas dessa pandemia vão continuar nos afetando direta ou indiretamente por um bom tempo. (Falo mais sobre isso na segunda edição do último livro que publiquei, *Ten Times Happier*, no qual incluí um capítulo extra sobre como lidar com o trauma. Cunhei a expressão "transtorno de estresse pós-pandêmico" para descrever o sofrimento psicológico causado por esse período.)

Porém, apesar de os azedumes da vida serem uma possibilidade constante, não podemos cair na armadilha de viver em função de nos preparar para enfrentá-los, seja psicológica ou logisticamente. Na maior parte do tempo, a vida nos dá muitas alegrias. É muito mais sensato viver o presente e só se preocupar com os contratempos caso eles apareçam (enquanto prepara sua flexibilidade psicológica para lidar com eles).

Ainda assim, quero compartilhar algumas estratégias rápidas e eficazes para lidar com momentos difíceis, caso perceba que os dez minutos de autoterapia diária não são suficientes.

Vou me concentrar em cinco áreas de dificuldades que todos nós enfrentaremos em algum momento da vida:

- Luto.
- Mudanças.
- Lidar com a própria doença ou cuidar de alguém doente.
- Decepção.
- Momentos de crise.

Os princípios terapêuticos vão continuar iguais, mas haverá algumas considerações e ajustes para ajudá-lo a lidar melhor com certos aspectos desafiadores da vida.

Mais importante do que qualquer outra coisa, porém, é lembrar-se de que você já sobreviveu a outras crises, o que significa que é capaz de lidar com elas. Tudo o que faço é oferecer a você ferramentas e técnicas adicionais que podem ajudar a tornar essas dificuldades mais palatáveis.

LUTO

A perda faz parte da vida. Todos nós já perdemos um ente querido, e ainda vamos perder outros. É assim mesmo. É a ordem natural das coisas: vida e morte.

Como já mencionei, passei a primeira metade da minha carreira trabalhando com pessoas com doenças terminais em instituições de cuidados paliativos. Minha função, em grande parte, era ajudar as famílias enlutadas a lidar com a perda de um ente querido. Vi de perto o impacto causado pela perda, mas também percebi que cada um vive o luto à sua maneira, e isso nem sempre é visível do lado de fora.

Na minha opinião, ao se patologizar o luto (rotulá-lo como um transtorno) ou sugerir que o processo de luto é dividido em "estágios" psicológicos e comportamentais previsíveis, corre-se o risco de desrespeitar o sofrimento das pessoas, pois sugere que chegará um ponto em que sua dor já deveria ter sido superada. O conceito de "estágios do luto" também pode fazer com que as pessoas enlutadas se sintam solitárias ou culpadas por não sentir o que "deveriam" estar sentindo. O luto não é tão simples ou previsível assim. Às vezes pode ser um processo complexo que deixa as pessoas estagnadas em determinado ponto, mas isso não significa que tem algo errado com elas ou com a forma como demonstram seu sofrimento. Significa apenas que a pessoa em questão está enfrentando uma dor profunda e tem uma enorme dificuldade de levar a vida sem aquele ente querido ao lado. Pessoas enlutadas precisam de paciência, tempo e muita compreensão. Uma parte delas morreu, e isso deve ser respeitado.

Além da experiência profissional que tenho na área, também vivenciei o luto pessoalmente. Cada perda foi diferente da outra, mas todas elas foram excruciantes. Superar o sofrimento do luto é uma experiência dolorosa.

Algumas coisas que aprendi ao lidar com o luto tanto no âmbito pessoal quanto no profissional:

- As emoções podem ser aleatórias ou imprevisíveis nos estágios iniciais do luto. Tristeza, raiva, vazio, perplexidade — ou o sentimento que for — podem vir à tona de repente, como um vulcão em erupção. Tudo o que lhe resta é aguentar firme e esperar passar.
- Nem todo mundo vai entender sua perda, e a insensibilidade dessas pessoas muitas vezes está mais relacionada a um sentimento de impotência do que à indiferença.
- A culpa é inevitável. O luto sempre vem acompanhado de questionamentos: será que eu deveria ter feito mais por essa pessoa? Ou tê-la visto com mais frequência? Acredito que a mente faz isso para nos distrair do fato de que aquela pessoa se foi. Se pararmos para pensar, refletir, nos questionar, talvez esse acontecimento cataclísmico passe a fazer sentido. Períodos assim são um prato cheio para os

padrões de pensamentos autocríticos e sabotadores que acometem alguns de nós.

- Não há atalhos nem limite de tempo para lidar com o luto.
- O amor é um sentimento alegre, mas demanda uma coragem tremenda, pois nos torna vulneráveis a perder a pessoa amada. É a ordem natural das coisas.
- A dor acaba diminuindo e é possível aprender a viver sem a outra pessoa.
- A vida continua, mas jamais será a mesma. E tudo bem.

O QUE PODE AJUDAR?

Embora não exista um único remédio para o luto, todos os esforços referentes ao autocuidado e à autocompaixão são vitais neste ponto. Preocupar-se com o bem-estar durante esse período é imprescindível. Muitos de seus recursos físicos e psicológicos vão estar prejudicados. A morte de um ente querido é um baque forte. O corpo e a mente precisam de um tempo para se acostumar.

Além do autocuidado e da autocompaixão, aqui vão mais algumas dicas para lidar com o luto:

- Permita-se sentir o luto pelo tempo que puder.
- Fale quando precisar. O sofrimento deve ser processado. Falar ajuda.
- Peça ajuda quando precisar.

- Cerque-se de pessoas que lhe permitam ficar triste quando precisar.
- Torne sua rotina mais flexível. É impossível levar uma vida "normal" nos primeiros dias.
- Lembre-se de que você não está caindo aos pedaços — está tentando lidar com a perda de uma pessoa importante.
- Não tenha vergonha de sua forma de demonstrar a dor. Não existe certo ou errado. O luto é uma jornada muito individual.
- Quando sentir que está na hora, tente celebrar as boas lembranças da pessoa que se foi.
- Lide com o sofrimento um passo de cada vez. Hora a hora. Dia a dia.
- Lembre-se de que você é capaz de sobreviver a isso. Está doendo porque você amou aquela pessoa.

MUDANÇAS

A vida segue em um fluxo constante. A próxima mudança está sempre logo ali. Mas tendemos a buscar coisas estáveis, previsíveis e ordenadas. Até mesmo as pessoas aventureiras gostam de um plano. E por que buscamos estabilidade? Você deve se lembrar que "sentir-se em segurança" é um dos principais fatores para que uma criança se desenvolva de forma saudável. Épocas de mudança podem pôr isso em risco, deixando as crianças inseguras e expostas. E o mesmo vale para os adultos, principalmente quando uma situação traz à tona lembranças incômodas de mudanças que aconteceram na infância. Vejo o humor de meus pacientes piorar ou sua ansiedade aumentar durante os períodos de transição. Na psicologia, chamamos isso de "transtorno de adaptação", mas prefiro evitar a palavra "transtorno" para descrever esse sentimento. Não acho que seja incomum ter dificuldade em lidar com mudanças.

Em suma, é por isso que buscamos seguir uma rotina. É um mecanismo de sobrevivência que nos passa a sensação de estarmos mais no controle.

Mas a verdade é que o controle é uma ilusão, pois *não* podemos controlar o que a vida nos reserva. É por isso que, por mais que criar rotinas possa transmitir uma sensação positiva de estabilidade, também devemos abraçar as incertezas e viver o momento.

Certa vez, li uma história sobre um monge que passou 25 anos no mesmo mosteiro. Ele sentia paz e contentamento profundos. De tantos em tantos anos, um novo superior chegava ao mosteiro e fazia algumas mudanças na rotina. Durante uma dessas épocas de mudança, o novo superior sugeriu ao monge que passasse um ano viajando de trem para vivenciar as incertezas. Queria que o sujeito ampliasse seus horizontes longe do mosteiro.

A sugestão inquietou o monge, que percebeu que havia passado a vida buscando segurança e estabilidade e evitando desafios. Mas ele entendeu que precisava embarcar nessa jornada.

E foi exatamente o que fez. Apesar da inquietação que proporcionou, a experiência lhe permitiu trilhar o caminho do crescimento pessoal. Suas práticas de meditação melhoraram. Novas forças foram descobertas. O senso de compaixão ficou mais aflorado. Curiosamente, ele nunca retornou ao mosteiro. Passou a levar uma vida itinerante, cumprindo seus deveres de monge de uma forma mais nômade. Descobriu uma nova sensação de liberdade.

Embora as mudanças (como demissão, separação, troca de casa, país ou emprego) muitas vezes possam ser a fonte de nossos sofrimentos e abalar nossas estruturas, também podem ser uma oportunidade para atingir o crescimento emocional e psicológico, como foi o caso do monge.

O segredo para atravessar as épocas de mudança é enfrentá-las com coragem, encará-las como aventuras e avançar com entusiasmo e curiosidade, ciente de que é possível tirar grandes aprendizados dessas experiências, desde que esteja disposto a ouvir. Quem sabe? Coisas incríveis podem estar à sua espera.

O QUE PODE AJUDAR?

Como antes, os princípios básicos da terapia e sua prática de dez minutos podem ser usados.

Além deles, aqui estão mais algumas dicas para lidar com grandes mudanças:

- Crie uma sensação de familiaridade "interior" ao seguir alguns aspectos normais de sua rotina.
- Faça um esforço para lidar com os elementos cotidianos da mudança, seja ela qual for. Vai ser desconfortável, mas nem por isso é errado. Adote um ritmo que não pese muito.

- Mantenha contato com amigos e familiares a quem possa recorrer.
- Alinhe suas expectativas e saiba que, no começo, avançar um passo de cada vez já está de bom tamanho.
- Lembre-se de que a sensação de vulnerabilidade pode não estar relacionada à mudança em si, e sim a algumas velhas lembranças ou convicções que vieram à tona.
- Dê tempo ao tempo. É preciso muita paciência para se adaptar a mudanças.
- É provável que surjam comportamentos de segurança que lhe passem a sensação de precisar fugir ou evitar a mudança. Saiba que isso não passa de um mecanismo de ansiedade e, a longo prazo, fazer o oposto será mais proveitoso.
- Não existe um jeito certo ou errado de encarar uma época de mudança. Cada experiência é única. Tenha mais um pouquinho de autocompaixão!
- Por fim, algo que adoro, por mais que seja clichê: os navios não foram feitos para ficar atracados no porto. Passar por uma mudança é sinal de que você está vivo, de que sua vida está tomando um novo rumo. Receba-a de braços abertos.

LIDAR COM A PRÓPRIA DOENÇA OU CUIDAR DE ALGUÉM DOENTE

Por já ter trabalhado como enfermeiro, sei muito bem como as doenças podem afetar as pessoas. Ninguém sabe quando terá que cuidar de si mesmo ou de outrem. Mas a questão é que isso provavelmente vai acontecer cedo ou tarde. Faz parte da vida. Falarei um pouco mais sobre como você pode lidar com a sua própria doença ou a de outra pessoa, pois cada uma dessas coisas traz desafios à parte.

Antes de tudo, porém, quero deixar claro que me refiro tanto aos aspectos físicos quanto psicológicos dos problemas de saúde. O corpo e a mente são complexos e, por vezes, são acometidos por algum problema. Os estudos nos mostram que os dois estão interligados, e por isso não podem ser tratados de forma isolada.

Sem sombra de dúvidas, problemas psicológicos podem contribuir para problemas físicos e vice-versa. Uma pessoa pode ficar acamada depois de um ataque cardíaco, que também pode desencadear um quadro de depressão. Uma pessoa que não sai de casa por conta da agorafobia pode ter problemas cardíacos por não conseguir se exercitar. Precisamos abandonar essa abordagem antiquada de ver saúde física e saúde mental como duas coisas separadas, pois isso não é verdade. E digo isso com plena convicção, tendo dedicado toda a minha carreira a transitar entre os dois lados.

Quando você enfrenta uma doença, seja qual for, pode experimentar uma mudança de vida drástica e repentina. Alguns aspectos do cotidiano são afetados de forma temporária ou permanente: vida social, trabalho, capacidade de ver ou passar tempo com a família, vida sexual, renda e finanças como um todo, opções de lazer, e assim por diante. Em resumo, a doença pode trazer uma mudança significativa em sua liberdade, suas escolhas, decisões, interações e sentimentos. Mas isso pode acontecer aos poucos, o que também vem acompanhado de desafios: a qualidade de vida pode ir diminuindo ao longo de semanas, meses ou anos, de forma tão lenta que você só se dá conta quando, certo dia, abre os olhos e percebe que já não leva mais a vida de antes. Não é fácil lidar com uma doença, seja qual for. É preciso se adaptar para conviver com restrições e limitações (a curto ou a longo prazo — ou talvez nem seja possível saber qual será o tempo de recuperação, e isso também pode ser extremamente complicado). Não parece justo. Aceitar sua situação, especialmente quando falamos de doenças crônicas, é muito difícil. Mas não impossível.

O QUE PODE AJUDAR?

Assim como antes, todas as técnicas e estratégias ensinadas neste livro, bem como seus dez minutos de prática diária, vão ajudá-lo a lidar com a doença. Mas eu gostaria de oferecer mais algumas reflexões específicas com base nos meus muitos anos de trabalho com saúde física e mental.

Antes de avançar, contudo, devo frisar que algumas sugestões podem parecer mais certeiras que outras. Tudo depende de suas circunstâncias. Você pode até ficar com raiva se sentir que elas não levam em conta os desafios únicos de sua situação. Compreendo perfeitamente, pois sei que não existe nada pior do que receber conselhos de alguém que parece não entender direito a sua doença. Quero reiterar, no entanto, que meu único objetivo aqui é oferecer apoio e um pouco de alento. Se alguma de minhas sugestões parecer se encaixar na sua situação, ainda que pouco, sugiro que ao menos considere adotá-la. Confie na minha experiência e nos resultados dos estudos.

Aqui estão minhas sugestões do que pode ajudá-lo psicologicamente se você estiver com problemas de saúde:

- O corpo apresenta mais dores e sintomas quando a mente está angustiada. E, por sua vez, isso agrava ainda mais o estresse psicológico. É um ciclo vicioso. Tente usar técnicas para acalmar e relaxar a mente e o corpo. Vão ser de grande ajuda.
- Quando estiver doente, é fundamental adaptar a rotina e tentar ser mais flexível quando as coisas não saírem conforme o planejado. É impossível levar a vida como antes. Insistir nisso só gera mais sofrimento.
- Às vezes é crucial respeitar a orientação profissional e os tratamentos recomendados.
- A aceitação da doença pode ser desafiadora, mas os estudos da área de Terapia de Aceitação e Compromisso mostram que aceitar a situação como é, em vez do que poderia ou deveria ser, pode ajudar a lidar melhor com a realidade da doença, o que traz repercussões benéficas em todos os âmbitos. Sei que pode ser muito difícil na prática, mas tente resistir menos à realidade e veja o que acontece.
- O autocuidado deve ser prioridade.
- A esperança pode ser de grande ajuda. Embora não seja nada fácil, os estudos mostram que adotar uma atitude esperançosa pode trazer sentimentos melhores. Mas, só para deixar claro, isso não anula

a aceitação. Você pode aceitar que está doente e ainda assim nutrir esperanças. Isso significa permitir-se vislumbrar as possibilidades, mesmo que sejam relacionadas a algo simples. Por exemplo, tentar desfrutar mais de seu jardim, passear mais ao ar livre ou praticar uma atividade diária que melhore seu estado de humor. A química cerebral só melhora quando nos permitimos sentir esperança.

- Tente relaxar. Quando as coisas ficarem difíceis, busque aquela voz interior compassiva que lhe traz tranquilidade.
- Pratique a atenção plena. Os estudos indicam que essa prática, se feita diariamente, pode trazer melhorias significativas aos sintomas da doença. Existe uma abundância de materiais na internet, em livros e em cursos presenciais ou on-line, se você quiser se aprofundar mais no assunto.

Se você estiver lutando contra uma doença, saiba que estimo as melhoras e torço por sua recuperação. Espero que essas palavras lhe tragam conforto.

CUIDADORES

Por mais que você a ame, cuidar de uma pessoa doente pode ser bem cansativo. Além de testemunhar o sofrimento alheio, ainda precisa desempenhar várias funções práticas, físicas, emocionais e psicológicas, muitas vezes sem receber o devido apoio ou reconhecimento.

Se você estiver cuidando de alguém doente, saiba que reconheço a montanha-russa pela qual está passando. Por mais que se esforce e faça tudo o que pode, parece que nada é o bastante. Quando o cansaço bate, você se enche de culpa por precisar descansar. Quer agir de forma amorosa e gentil, mas às vezes só consegue se irritar. Quer ser uma pessoa compreensiva, mas já está farta de ouvir. Quer estar presente a todo momento, mas também precisa muito de um descanso. Você anseia por ter sua vida de volta.

Se você se identificou com alguma dessas coisas, saiba que já ouvi isso de muita gente que esteve ou ainda está em uma situação semelhante. Você é humano, e é preciso abdicar de algumas coisas ao assumir o papel de cuidador. Esses sentimentos não têm nada de anormal, indelicado ou preocupante. Talvez você fique se corroendo de culpa por achar que precisa estar no pique o tempo todo, mas é uma meta impossível. É bem provável que você esteja fazendo tudo o que pode, e isso basta. Se os papéis se invertessem, o outro lado possivelmente sentiria as mesmas coisas.

Somos todos humanos. Ficamos cansados. Às vezes, vamos perdendo a compaixão. Sofremos. E, apesar de tudo, seguimos em frente e não deixamos a peteca cair. Essa é a realidade para a maioria dos cuidadores.

Vale a pena repetir: você está fazendo tudo o que pode.

O QUE PODE AJUDAR UM CUIDADOR?

Não vou ser muito prescritivo, pois as coisas mudam conforme a situação, mas estas são algumas estratégias psicológicas que facilitaram a vida dos cuidadores com quem trabalhei:

- Descanse e peça ajuda. Por mais simples que pareçam, talvez sejam as recomendações mais importantes da lista. A maioria dos cuidadores acha que deve dar conta de tudo, o tempo todo. E isso não é verdade. Você pode buscar ajuda. Quanto mais descansar, mais disposição terá para cuidar de seu ente querido.
- Tome cuidado com a culpa que diz que você não está fazendo tudo o que pode. Questione essa voz interna e reconheça que é uma narrativa falsa e inútil, não um fato.
- Desabafe com outros cuidadores, pois eles vão compreender você. Isso vai diminuir a sensação de isolamento e solidão, além de aumentar sua autocompaixão, pois você vai perceber que todos enfrentam dificuldades parecidas.
- O autocuidado deve ser prioridade em relação à função de cuidador. Se você exaurir suas forças ou sucumbir à exaustão, não vai ter como ajudar ninguém. Não é uma atitude egoísta. É uma decisão imprescindível para continuar na função.
- Mantenha um diário. Às vezes, é difícil expressar seus sentimentos ou frustrações em voz alta. Escrever todos os dias vai ajudar você a processar e lidar com a situação. Mantenha um foco terapêutico nos pensamentos, emoções e reações.

DECEPÇÃO

A decepção é um sentimento horrível. É perceber, bem lá no âmago, que algo não saiu conforme o planejado. Talvez você não tenha conseguido a promoção que lhe foi prometida. Ou a mudança para a casa dos sonhos saiu pela culatra, você não tirou as notas de que precisava, o namoro que tinha tudo para virar casamento chegou ao fim, o tratamento de fertilização *in vitro* deu errado ou então você descobriu que seu filho é drogadicto. Pode não ser um acontecimento isolado. Talvez a vida simplesmente não tenha sido como você esperava. A decepção é inevitável. Abala nossos alicerces.

Ouço falar de decepção todo dia no meu consultório. Às vezes, os pacientes estão amargurados e furiosos. Já ouvi de tudo:

- "Não acredito que não deu certo."
- "Eu tenho muito azar."
- "Já era para mim."
- "A vida é muito injusta."
- "Por que nada de bom me acontece?"
- "Não faz sentido insistir nisso."
- "Acho melhor desistir."

Tenho certeza de que todo mundo já se sentiu assim em algum momento. Quando a vida não sai conforme o planejado, a decepção desencadeia uma resposta personalizada muito intensa. Em outras palavras, a coisa se torna pessoal! O mundo está contra você. Tudo deve ter sido um plano para lhe dar uma rasteira. Parece que a vida o escolheu a dedo só para sofrer.

Uns tempos atrás, meu trem ficou dez minutos parado no túnel do metrô por causa de uma falha de sinal. O condutor se desculpou e, para ser justo, manteve os passageiros bem a par das atualizações. A mulher sentada ao meu lado estava a caminho do teatro para ver *Mamma Mia!* com uma amiga e, com os quinze minutos de atraso, provavelmente seria barrada na bilheteria. Sei de tudo isso porque entreouvi a conversa das duas. Ela estava furiosa. Como isso podia ter acontecido? De acordo com ela, aquilo não tinha arruinado apenas a sua noite, mas todo o fim de semana. Depois piorou. Tinha gastado oitenta libras nos ingressos e estava decidida a nunca mais pisar em Londres. Foi um completo desastre. Ela disse que pretendia escrever para o metrô de Londres e para os parlamentares para reclamar da "balbúrdia" que reinava nos trens da cidade.

Devo admitir que fiquei tentado a intervir e oferecer uma pequena dose de terapia, mas não houve necessidade. A amiga ficou calada e atenta enquanto a outra se queixava, mas depois disse (como me lembro):

"Amiga, você prefere que o condutor ponha nossa segurança em risco só para podermos cantar as músicas de *Mamma Mia!*? Por que você não tenta se acalmar um pouco? Vamos procurar um bar legal, tomar uns drinques e paquerar uns caras gatos. Podemos arranjar ingressos baratos para a matinê de amanhã e curtir a noite de hoje."

Assim que ela parou de falar, o condutor do metrô anunciou que o problema tinha sido resolvido e tudo voltou a funcionar. O desastre havia sido evitado. Julia (sim, ouvi até o nome dela enquanto xeretava) *poderia* assistir a *Mamma Mia!*. A amiga teria que esperar até o fim do espetáculo para ir ao bar paquerar os caras gatos.

Essa cena ficou marcada na minha memória. Julia estava claramente decepcionada com a ideia de perder o musical. A situação serviu de gatilho e seus processos cognitivos negativos entraram em piloto automático. Presumo que ela tenha a tendência de se sentir vitimizada, encarar tudo como catastrófico, pensar o pior, ignorar os aspectos positivos e colocar-se no centro de tudo. Assistir a seu discurso inflamado era como ver um deslizamento de terra irrefreável. Ela não conseguia tolerar o fato de a vida não estar lhe oferecendo tudo o que queria e esperava. Julia era responsável por criar suas próprias angústias.

Todos nós passamos por esses momentos *Mamma Mia!*. Alguns não são muito sérios, outros são decepcionantes em um nível absurdo. Não quero menosprezar o impacto da decepção. É saudável sentir e reconhecer que ela está lá. Não é nada aconselhável reprimir esses sentimentos. O problema, porém, é ficar estagnado ou cair na armadilha de ativar gatilhos desnecessários.

O QUE PODE AJUDAR?

Você já tem uma série de ferramentas para lidar com pensamentos, emoções e convicções. Quando se trata especificamente da decepção, contudo, existem algumas ferramentas psicológicas que podem vir a calhar:

- Acostume-se com a sensação de se decepcionar e com a forma como você reage a isso. Se perceber que determinadas situações servem de gatilho, separe um tempo extra antes e depois delas (desde que possam ser previstas) para aplacar sua angústia.

- Passe a avaliar suas perspectivas. Qual é a importância disso? Existem alternativas? Há outro jeito de enxergar a situação?
- Confie no processo. Se você não tem controle sobre o resultado, permita-se abandonar essa expectativa e deixar as coisas acontecerem.
- Deixe a mente aberta para outras possibilidades. Há um ditado sábio que diz: "Quando uma porta se fecha, outra se abre".
- Reconsidere seus níveis de tolerância aos imprevistos. A vida nem sempre sai conforme o esperado, e requer que nos adaptemos a isso. Pode ser difícil de engolir, mas não deixa de ser verdade.
- O que você pode aprender com isso? Realmente acredito que as decepções e os contratempos têm mais a ensinar do que nossos sucessos, desde que a mente esteja aberta e disposta a aprender. Tire o máximo de proveito dessas circunstâncias em vez de se deixar paralisar pela decepção. Muitas pessoas "bem-sucedidas" tiraram lições da decepção. É um caminho sábio a trilhar.

MOMENTOS DE CRISE

O significado de "crise" pode variar de pessoa para pessoa, mas vou defini-lo como aqueles momentos da vida em que sua sensação de estabilidade e a capacidade para lidar com as coisas estão comprometidas. Pode ser em decorrência de uma circunstância da vida, problemas pessoais ou da sensação de que você "saiu dos trilhos". Em suma, levar um dia a dia normal é um tormento. Nessas situações, podemos sentir que perdemos o controle e a esperança. Ficamos impotentes e desesperados. Pode haver momentos de ideação ou intenção suicida. Lembre-se, isso não quer dizer que existe algo "errado" com você enquanto pessoa. Significa apenas que você não está bem. Está enfrentando uma crise. Não é apenas um dia ruim ou uma fase difícil. E você não deve passar por isso sozinho.

O problema dos períodos de crise é que a cadeia de eventos torna a situação quase impossível de administrar (ou pelo menos essa é a sensação). O sofrimento emocional atinge níveis elevadíssimos. É bem provável que seu cérebro libere uma enxurrada de hormônios relacionados ao estresse. Buscar respostas racionais torna-se quase impossível. A rotina é comprometida. A comunicação torna-se difícil. Os relacionamentos podem parecer complicados. Tudo parece insuportável, trazendo a sensação de isolamento.

Não é o momento para fazer terapia ou tentar identificar padrões, e sim de buscar uma ajuda que lhe permita retomar a estabilidade. Posteriormente, você pode desvendar a situação na terapia.

Muitas vezes vejo pessoas em crise serem encaminhadas para serviços terapêuticos para os quais não estão prontas naquele momento. Isso não significa que a terapia não vai acabar sendo útil no futuro, pois vai. Mas não naquela hora. É como mandar alguém para o mar sem um colete salva-vidas.

Existem várias etapas que ajudam nesse aspecto, e as explicarei a seguir.

O QUE PODE AJUDAR?

- Reconheça que está sobrecarregado e peça ajuda. Sei que pode ser difícil conversar com um profissional, mas garanto que ele já terá visto isso milhares de vezes. Vai entender que você está enfrentando uma crise e, assim, será capaz de ajudar você. Listei algumas instituições no fim do livro.
- Não tenha medo de interromper ou pausar atividades cotidianas que pareçam puxadas demais.
- Não está na hora de tentar entender a situação ou encontrar soluções práticas e lógicas para seus compromissos. Se puder, deixe essa responsabilidade a cargo de outras pessoas por um tempo. A prioridade é obter a ajuda e o apoio certos para retomar sua estabilidade. Vejo muitas pessoas que tentam trilhar esse caminho sozinhas. Confie em mim: esta não é uma jornada solitária.
- Compartilhe sua situação com pessoas de confiança e pergunte se aceitam ser seus contatos de emergência. Assim, elas podem se encarregar dos afazeres indispensáveis que você normalmente faria. Podem fazer as compras, ajudar nas tarefas domésticas, cuidar das crianças, comunicar sua ausência ao seu local de trabalho ou então apenas aparecer para ouvir seu desabafo, mesmo que seja no meio da noite.

- Em casos assim, o uso de medicação pode ser recomendado. Na minha experiência profissional, isso pode ser incrivelmente útil a curto prazo. Sempre converse com um profissional capacitado para descobrir as melhores opções para você.
- *Lembre-se: as crises não duram para sempre. Você é capaz de superá-las.*

Quando me deparo com pessoas em crise, elas costumam dizer que se sentem fracas ou envergonhadas por terem deixado as coisas chegar a esse ponto. Respondo lembrando-lhes de que não há motivo para sentir vergonha e que elas são o oposto de fracas. O fato de elas — e talvez você, se estiver enfrentando uma crise neste momento — sentirem tudo isso e, ainda assim, conseguirem seguir em frente, um passo de cada vez, é uma prova enorme de coragem e força.

Ninguém escolhe chegar a esse ponto. Às vezes, a culpa é toda da vida. Não existe fracasso nem vergonha na crise. Vejo apenas coragem, humanidade e uma pessoa que precisa de ajuda para se reerguer. **Se você está com dificuldade para lidar com esse tipo de situação, procure ajuda profissional. Você é capaz de superar isso.**

10

Tudo está bem quando acaba bem

No início deste livro, compartilhei algumas reflexões sobre o universo da terapia e, com sorte, consegui desmistificá-lo. Agora, ao final dele, quero ressaltar o poder da terapia com algumas histórias de transformação verídicas que aconteceram com meus pacientes. Quero que você se lembre de que, aconteça o que acontecer, sempre há esperança. É possível tirar proveito de quase qualquer situação — talvez não logo no primeiro momento, mas em algum ponto.

Antes de continuar, contudo, quero deixar algumas reflexões sobre o que vai acontecer depois que você terminar de ler este livro.

Sempre fico impressionado quando, ao encerrar uma leitura, sou invadido por uma série de emoções que já se tornaram familiares:

- Tristeza por ter acabado.

- Solidão pela ausência da voz do autor ou dos personagens.
- Alegria, se houver um final feliz.
- Frustração, se terminar com um final aberto.
- Decepção, se o final não for como eu esperava.
- Desafio, se o livro trouxer à mente questões antes desconhecidas.
- Raiva, se personagens queridos depararem com situações injustas.
- Inspiração para implementar mudanças ou tentar coisas novas.

Você também pode sentir coisas inesperadas ao encerrar esta leitura, mas não apenas por ser um livro, e sim por ser um livro de terapia. E, na terapia, desfechos sempre trazem emoções à tona. A meu ver, é importante fazer uma pausa para assimilar tudo isso.

É totalmente compreensível e esperado que o final deste livro suscite fortes emoções. Talvez você sinta tristeza por ficar sem uma voz familiar. Talvez sinta frustração por ter que colocar a mão na massa. Talvez sinta entusiasmo diante de um novo leque de possibilidades. Talvez sinta decepção por eu não ter resolvido todos os seus problemas.

A boa notícia é que agora você é capaz de reconhecer, administrar e lidar com esses sentimentos. São perfeitamente normais. Como você está enfrentando uma espécie de "desfecho", precisamos prestar atenção a suas respostas emocionais. Reconhecer o fim do processo é uma parte importante da terapia. Faz parte do processo de encerramento. Ajuda com um sentimento de completude.

Por outro lado, a *leitura em si* pode ter sido responsável por suscitar mais emoções. Não se esqueça do que eu disse lá no início: uma boa terapia nem sempre é um mar de rosas. Se gerou certo desconforto ou inquietação em alguns pontos, ótimo (e digo isso da forma mais gentil possível). Significa que fiz meu trabalho e que você respondeu a ele. As mudanças são mesmo desconfortáveis.

Da mesma forma, espero que o livro tenha despertado sonhos de um futuro melhor e revelado novas forças. Se perceber que passou a encarar a vida e as situações sob um novo prisma, também é ótimo. Mais uma vez, significa que estou fazendo meu trabalho e que você está respondendo a ele.

Em decorrência disso, talvez você perceba que deseja implementar algumas mudanças em certos aspectos de sua vida. Sugiro que adote um ritmo constante e moderado e não tente mudar tudo de uma vez. Não dê um passo maior que a perna. Avance devagar, um passo de cada vez, pois isso basta e é mais fácil de lidar.

Espero que o livro lhe tenha servido de estímulo e inspiração para adotar uma mentalidade terapêutica. Mas — e isto é importante — você só vai perceber as melhorias se estiver comprometido com o trabalho. É comum que os pacientes esperem que eu, enquanto terapeuta, me encarregue de tornar tudo melhor. Mas não é assim que funciona. É preciso colocar a mão na massa.

Neste livro, *você* é o terapeuta e também está colocando a mão na massa. A mera leitura não basta. O trabalho não acaba depois que o livro termina, mas vai valer a pena. Quanto mais praticar tudo o que aprendeu aqui, melhor ficará. Sua vida vai mudar da água para o vinho. Tente encarar a autoterapia como frequentar a academia. Quanto maiores os esforços, melhores serão os resultados.

Sei, ainda, que você pode muito bem concluir que as técnicas ensinadas neste livro não se aplicam ao seu caso. Talvez prefira buscar a ajuda de um profissional para lidar com os problemas. Talvez decida ir a uma sessão de terapia individual. E, se for o caso, parabéns por essa escolha. Se este livro serviu de estímulo para tomar essa decisão, então também posso considerar que meu trabalho está feito.

Se decidir fazer uma sessão individual com outro terapeuta, aqui vão algumas dicas. Encontrar o terapeuta certo pode ser tão complicado quanto procurar uma agulha no palheiro. Sugiro que peça recomendações por aí. Pessoas próximas ou até seu médico podem ajudá-lo a encontrar o terapeuta certo. Também é possível encontrar alguns conselhos úteis na internet, em sites destinados a esse fim.

É importante saber quais são as abordagens terapêuticas do profissional de sua escolha. Pergunte sobre suas qualificações e experiência. Também é aconselhável verificar se é uma pessoa qualificada e credenciada por um órgão regulador reconhecido. Isso varia de país para país, então é importante conferir qual é o conselho responsável onde você mora.

Qualquer que tenha sido sua experiência ao ler este livro, agora é com você. Espero que se sinta capaz de levar uma vida mais plena graças às informações e às habilidades de que dispõe agora. Espero que essa perspectiva o encha de entusiasmo.

Antes de me despedir, porém, permita-me cumprir com o combinado e compartilhar algumas histórias de pacientes que me inspiraram. Todas têm como foco pessoas que superaram grandes adversidades na vida. Elas, assim como você, aprenderam a ser seus próprios terapeutas (o que, como mencionei no início do livro, é sempre meu maior objetivo). Elas seguem os princípios deste livro à risca.

Espero que lhe sirvam de inspiração, da mesma forma que serviram a mim. Espero que lhe inflem de coragem para trilhar esse caminho.

MARGO: O GLOBO DE DISCOTECA FICA ONDE ESTÁ

Margo veio ao meu consultório dezessete anos após a morte da filha. Já havia passado por vários terapeutas, e o foco era sempre o luto ou a depressão. Durante nossa primeira sessão, porém, seu nível de sofrimento me fez suspeitar de que havia mais alguma coisa em jogo.

Margo me contou sobre perder a filha, uma linda menina de 21 anos, em um trágico acidente durante as festas de fim de ano. Ela não conseguia aceitar essa perda.

Quando a primeira sessão chegou ao fim, não tive dúvidas de que Margo estava arrasada com a morte da filha e apresentava alterações secundárias de humor, mas o elo perdido logo veio à tona. Ela também havia ficado profundamente traumatizada com a morte da filha. Havia muitas lembranças traumáticas, como ver o corpo pela primeira vez, comparecer ao velório e imaginar o que aconteceu no dia do acidente. Ela sofria de Tept (transtorno de estresse pós-traumático) e se enquadrava nos critérios diagnósticos para o tratamento. O trauma não processado só seria resolvido quando tratado. (Um lembrete importante: se os sintomas associados a trauma, ansiedade ou humor depressivo não melhorarem depois de dois a três meses de autoterapia e mudanças comportamentais, busque a ajuda de um profissional.)

Mantivemos o foco das sessões no trauma de Margo, que já havia começado a demonstrar melhoras depois de algumas semanas. Passados poucos meses, ela resolveu viajar em um cruzeiro com uma amiga. Quando voltou, disse que as férias tinham sido incríveis e, pela primeira vez em dezessete anos, tinha a impressão de que sua vida "estava voltando aos trilhos". Voltou a sair com amigos. Retomou o hobby da pintura (que amava antes do acidente). De modo geral, começou a se envolver mais com a vida. Mas não parou por aí.

A casa de Margo não tinha mudado nada desde o acidente, incluindo o quarto da filha, mas ela resolveu fazer uma reforma. Enquanto decidia os detalhes, explicou aos empreiteiros que não mexeria no quarto. O cômodo havia se tornado um santuário para a filha e ninguém tinha permissão para adentrá-lo. Isso ilustrava muito bem, sob o âmbito terapêutico, como Margo estava estagnada.

Abordamos esse sentimento de estagnação durante as sessões até que, por fim, Margo reconheceu o problema e concordou em reformar o quarto da filha também. Mas impôs uma condição: *o globo de discoteca fica onde está*. Era um dos pertences preferidos da filha, e Margo acreditava que capturava muito bem a essência divertida da garota.

O quarto virou um ateliê de artes. Margo vive pintando sob o brilho do globo de discoteca. Ela reacendeu a chama de sua própria vida.

Além do tratamento específico para o trauma, vários outros fatores terapêuticos contribuíram para a recuperação de Margo.

Ela percebeu que era importante separar um tempinho para praticar a autoterapia diária. Descobriu que se conectar com as pessoas e se reconectar com a vida fazia parte do processo de cura. Entendeu que parte da culpa que sentia tinha ligação com anos de regras e convicções inúteis acumuladas. Acima de tudo, ela se deu conta de que enfrentar a terrível realidade da perda era a única forma de seguir em frente. Tinha passado anos afundada na própria tristeza, tentando lidar com os sintomas decorrentes dela. Enfrentar o trauma causado pela perda foi seu primeiro passo em direção à cura.

Resolvi compartilhar a história de Margo pois ela me ensinou muito sobre a jornada para recuperar a esperança perdida. Também me ensinou que, no universo da terapia, empatia e chavões nem sempre funcionam. Às vezes é necessário enveredar por lugares sombrios para encarar os desafios. Muitas vezes, esse é o único caminho.

A dor e a tristeza do luto tinham se tornado um porto seguro e familiar para Margo. Ao longo da terapia, fui tentando afastá-la disso aos poucos, não porque pretendíamos evitar a tristeza, mas porque isso a impedia de seguir com a vida.

Não acredito que nenhum de nós seja capaz de realmente "superar" as grandes perdas da vida. Apenas passamos por elas. E isso basta. Talvez devesse ser assim mesmo.

Margo trilhou um longo caminho nesses dezessete anos. Deixei-a ciente de que haveria momentos em que sentiria ter voltado ao fundo do poço. No entanto, agora ela tem mais discernimento, sabedoria e as habilidades necessárias para se livrar da estagnação. Esse é o poder da terapia. Margo se tornou sua própria terapeuta.

Então, se você estiver estagnado nos mesmos ciclos de pensamentos tristes, raivosos ou desesperadores, saiba que sempre há uma forma de seguir em frente. Sempre há um globo de discoteca em meio às trevas. A história de Margo nos mostra isso.

KYLE: POR QUE VIVO COM MEDO?

Kyle chegou relutante à terapia. A namorada achava que era uma boa ideia, então ele decidiu "dar uma chance". Era como aquelas pessoas que mencionei anteriormente, que acham que os terapeutas e a terapia podem ser "um pouco estranhos". Felizmente, consegui convencê-lo do contrário.

Kyle tinha sintomas de ansiedade consideráveis e não conseguia entender o motivo. A primeira pergunta que me fez foi: "Por que vivo com medo?".

Parecia passar quase todos os dias preocupado com alguma coisa. Estava com dificuldade para dormir e, segundo a namorada, era difícil conviver com ele. Kyle sofria de transtorno de ansiedade generalizada (uma rotulação diagnóstica que prefiro evitar. Em vez disso, descrevo pessoas assim como "alguém que aprendeu a se preocupar em demasia").

Ele cresceu no norte da Inglaterra, em uma pequena comunidade dedicada à mineração. Quando me contou sua história de vida, percebi que o pai quase não era mencionado. Não havia nada muito marcante no relato. Ele não falou sobre nenhum trauma significativo. Descreveu o convívio familiar como "normal" (isso sempre entrega o problema). Parecia se dar muito bem no ambiente escolar, universitário e social.

A questão é que vivia se preocupando com tudo e não sabia como dar um basta nisso. Em suma, era um preocupado altamente funcional, o que é muito comum.

Quando já estávamos mais entrosados, comentei sobre ele quase não ter tocado no nome do pai ao contar sua história. Descobri que o pai tinha morrido alguns anos antes. A princípio, Kyle quis deixar o assunto de lado por considerá-lo pouco importante, e limitou-se a dizer que os dois não se davam bem. Algumas perguntas depois, porém, a história já tinha mudado de rumo.

Durante quase toda a infância, Kyle teve que lidar com um pai alcoólatra e violento. Ele e o resto da família viviam sendo atacados física e verbalmente pelo homem depois das bebedeiras. Quando estava sóbrio, o pai era muito crítico com todos. A situação era agravada pelo fato de a mãe de Kyle não querer que pessoas de fora soubessem dos problemas do marido com bebida e violência. A família tentava guardar aquele segredo.

Acho que não é de surpreender que, graças a isso, Kyle cresceu repleto de convicções prejudiciais a respeito de si e de como lidar com a vida. Tinha pouca confiança, mas muita ansiedade. Vivia com medo, mas também acreditava precisar estar sempre em sua melhor forma, em qualquer âmbito. Esse era o roteiro da família. Assim, conseguimos responder à pergunta: "Por que me preocupo tanto?".

Resolvi compartilhar a história de Kyle para mostrar que ele precisou entender o próprio passado para melhorar seu problema de ansiedade. Tinha normalizado sua infância e o comportamento do pai, mas a verdade é que essas duas coisas foram determinantes para desencadear a ansiedade. Assim que entendeu isso, Kyle conseguiu parar de reprimir seus sentimentos e de temer até a própria sombra. Também conseguiu abrir mão dos padrões que o levavam a manter segredos e tentar agradar a todos.

Ele tinha sido "programado" para se preocupar, então sua prática diária de autoterapia consistia em reprogramar o cérebro para adotar uma abordagem mais calma e adaptável. Não havia mais nada a temer. A mente dele precisava captar essa mensagem.

Kyle aprendeu alguns métodos para controlar a ansiedade graças à autoterapia, assim como fizemos juntos neste livro. Avaliou o estado da mente, do corpo e das emoções todos os dias. Aprendeu a técnica de aterramento. Conseguiu rechaçar pensamentos improdutivos, bem como regras e convicções que já não faziam sentido. Por fim, a autoterapia o ensinou a cuidar de si mesmo e a se sentir mais seguro.

Depois de várias semanas de terapia e prática diária, Kyle começou a melhorar. A ansiedade diminuiu e, segundo ele mesmo me contou, a namorada havia notado grandes mudanças em seu comportamento. Passou a se preocupar menos. O sono melhorou, assim como a convivência com ele. Kyle começou a se sentir mais feliz.

Em nossa última sessão de terapia, Kyle me trouxe um presente. Era um cartão-postal que havia comprado em uma lojinha. Dizia: *Nosso passado não nos define*.

Tenho o presente até hoje. De vez em quando, mostro a algum paciente e conto a história de Kyle (protegendo a identidade dele, é claro).

Espero que, com esta história, você se lembre de que as adversidades do passado não definem a sua essência. Você pode se recuperar. Não precisa ter medo.

OWEN: GAROTO DO INTERIOR

Você deve lembrar que, no início do livro, comentei que fazer terapia me inspirou a escolher essa profissão. Por isso, nada mais justo do que compartilhar um pouco mais sobre o assunto. A última história é sobre mim.

Algumas vertentes da terapia não encorajam os terapeutas a compartilhar a própria história com os pacientes. Compreendo a razão por trás disso, pois o foco sempre deve estar na pessoa atendida. Mas também acredito que o paciente precisa ter noção de que está diante de outro ser humano que sabe o que é sofrer. Para isso, às vezes é necessário se expor. Se estou pedindo a alguém que me conte seus segredos mais sombrios e profundos, sinto que é meu dever lhe mostrar um pouco da minha humanidade. Adotei o mesmo princípio ao escrever este livro. Minha intenção é demonstrar a ajuda que a terapia pode oferecer. E, para isso, poderia apresentar centenas de pacientes que atendi como exemplos, mas também preciso revelar uma parte de mim. Tenho o dever e a responsabilidade de praticar o que prego.

Para mim, a terapia serviu como uma jornada de auto-aceitação. No começo do livro, contei como foi minha primeira sessão de terapia. Achei que estava ótimo, porém não estava. A terapia me ensinou que eu estava transbordando de vergonha e que não tinha aceitado minha sexualidade. Estava apreensivo. Tinha medo de correr riscos. Não estava confortável na minha própria pele.

Tudo isso ficou claro quando contei minha história na terapia e tentei entendê-la. Meus sofrimentos são fruto de uma junção de experiências. Testemunhar a violência sectária durante os Conflitos na Irlanda do Norte foi uma delas. Ser gay em uma cultura católica que prega o julgamento e a vergonha foi outra. Isso sem contar o bullying e a rejeição sofridos durante a época da escola e muitos outros momentos adversos da vida.

Por conta disso, eu não me sentia seguro, não me sentia bem, não me encaixava. Não sabia ser eu mesmo. Mas a terapia me ajudou a entender o que estava por trás desses sentimentos, mesmo que meus dias de escola já tivessem chegado ao fim. A terapia me salvou.

Aprendi a pegar leve comigo mesmo. Por mais que tenham acontecido, essas experiências não me definem. Depois que entendi isso, me dei conta de que poderia tentar mudar meus padrões negativos. Percebi que a insegurança, a ansiedade e o sofrimento podem ser revertidos. As técnicas que compartilhei com você ajudaram a pavimentar meu caminho e ainda hoje desempenham um papel importante na minha vida.

Percebi que o impacto negativo dessas experiências poderia ser revertido ao praticar o autocuidado e mudar minha mentalidade. Foi uma descoberta poderosa. Esse é o poder da terapia. Você não precisa ser vítima do seu passado.

Uma de minhas músicas preferidas é "Smalltown Boy", de Bronski Beat. A letra conta uma história muito parecida com a minha. Em alguns momentos da vida, também fugi ou me afastei, mas a terapia me ofereceu um novo rumo. Parei de fugir. Enfrentei minha história com bravura — passei até a celebrá-la — e transformei minha vida.

Eu me recuso a permitir que os sofrimentos do passado me definam. No entanto, posso me valer deles no meu trabalho como terapeuta, escritor e palestrante. Foi um modo que encontrei de tirar uma lição valiosa dos destroços de tempos mais sombrios.

Agora, passo a vida a praticar os ensinamentos que lhe transmiti neste livro. Viver assim me mantém com os pés no chão, cheio de foco e esperança para o futuro.

Às vezes, eu caio e me engano. Mas sempre me levanto.

Às vezes, erro. Mas não tem problema. Sempre aprendo com meus erros.

Às vezes, fico um pouco perdido. Mas depois encontro meu rumo.

Espero que você perceba que pode fazer o mesmo. Este livro pode servir como guia, uma forma de se manter no caminho certo. Pode ajudar você a encontrar seu rumo.

Não se esqueça de que você jamais precisa permanecer em lugares que não façam bem ao corpo, ao emocional e à mente. Talvez seja necessário se afastar fisicamente de uma situação, mas não fuja do que está acontecendo dentro de você. Enfrente tudo. Aprenda com isso. Depois, decida o que é melhor para você e siga em frente.

HORA DO ADEUS

Devo confessar que não sou um grande fã de despedidas. Acho que são momentos difíceis de lidar. Trazem tristeza. Antes, eu costumava fugir delas. Agora sei que são importantes. São uma forma de homenagear a experiência vivida.

Trazem uma sensação de completude. Permitem avançar. Encerram um capítulo e, depois, abrem outros.

Aprendi que escrever livros de autoajuda é uma experiência esclarecedora. Este é o meu terceiro. Sempre que me sento para escrever, imagino que estou falando diretamente com a pessoa que está lendo. Às vezes, recebo mensagens dizendo que meu livro mudou a vida de alguém. E essa resposta também muda a minha. Adoro sentir essa sinergia com os leitores.

Com isso em mente, quero me despedir e agradecer.

Obrigado por ler este livro e confiar na minha experiência e neste processo. Encarar sua história com franqueza é o caminho para a liberdade. Aprender a conduzir sua mente, suas emoções e seus comportamentos é o caminho para se tornar mais forte.

Adeus, por enquanto, e olá para um futuro repleto de possibilidades.

Informações de contatos úteis

DISQUE-AJUDAS DE SAÚDE MENTAL

Se estiver preocupado com a sua saúde ou a de um ente querido, estes grupos de apoio e linhas diretas podem oferecer aconselhamento especializado.

Abuso (infantil, sexual, violência doméstica)
Disque Direitos Humanos: Disque 100
Central de Atendimento à Mulher: Disque 180
WhatsApp do Ministério da Mulher, Família e Direitos Humanos: (61) 99656-5008

Vício (drogas, álcool, apostas)
Alcoólicos Anônimos: https://www.aa.org.br/

Narcóticos Anônimos: https://www.na.org.br/

Jogadores Anônimos: https://jogadoresanonimos.com.br/

Alzheimer

Associação Brasileira de Alzheimer: https://abraz.org.br/

Associação de Parentes e Amigos de Pessoas com Alzheimer: https://apaz.org.br/

Luto

Grupo de Apoio ao Luto: https://www.instagram.com/grupodeapoioaoluto/

Vítimas de crime

Movimento Nacional em Defesa das Vítimas: https://www.cnmp.mp.br/defesadasvitimas/

Transtornos alimentares

Grupo Especializado em Nutrição, Transtornos Alimentares e Obesidade: https://www.genta.com.br/

Dificuldades de aprendizagem

Insituto ABCD: https://institutoabcd.org.br

Agradecimentos

Preciso agradecer à minha agente Bev James e a toda a equipe por seu apoio e entusiasmo constantes. Estendo os agradecimentos à incrível equipe da minha editora HQ, HarperCollins. Também tive a felicidade de ter Rachel Kenny como minha editora outra vez. Ela é simplesmente brilhante. E, a cada paciente que confiou sua história a mim, meu muito obrigado. Quanto a todo o resto, vocês sabem quem são.

ESTE LIVRO, COMPOSTO NA FONTE FAIRFIELD, FOI IMPRESSO
EM PAPEL PÓLEN NATURAL 70G/M² NA GRÁFICA ELYON.
SÃO PAULO, MARÇO DE 2023.